LA FILLE NATURELLE.

PAR M. RÉTIF DE-LA-BRETONE.

Peut-être un jour ſon ſang, ſa Fille tendant vers lui ſes mains innocentes, pour en obtenir le pain de l'aumone, ſ'en verra rebutée !...

Première Partie.

Imprimé À LA HAIE,

Et ſe trouve à PARIS,

Chés la veuve DUCHÊNE, *libraire, rue St Jacques, près la Fontaine Saintbenoît.*

M. DCC. LXXV.

EXTRAIT DE L'ANCIENNE PRÉFACE.

PRÉFACE NÉCESSAIRE.

.... *L'entousiasme de l'amour fait quelquefois agir & penser l'Amant de Laurence d'une manière repréhensible ; quoiqu'au premier coup-d'œil il paraisse n'avoir écouté que la voix de la nature, & même de la raison. Il aime avec autant de violence que de délicatesse ; mais sa passion n'est pas innocente : elle a des suites funestes pour lui, comme pour la tendre & trop imprudente Fille qui en est l'objet. Ce n'est pas assés pour une Femme d'avoir l'âme honnête & pure ; d'être tendre, sincère, douce, constante, soumise à son Epoux ; il faut encore, pour le bonheur, qu'elle soit entrée dans l'état saint du mariage par la porte que nous ouvrent les Loix : une Femme qui s'est donnée comme Laurence, est bien audessous des Libertines ; mais sa place est également audessous des Epouses avouées, que la société a vu s'unir solennellement à l'un de ses Membres.*

D'Azinval & Laurence sont donc coupables : Le premier ne mérite son bonheur, qu'après avoir comme expié sa faute par le plus bel acte d'humanité.

Madame D'Ormond offre le tableau d'une bonne Mère & d'une vertueuse Epouse. Je laisse au Lecteur éclairé à juger, si l'éducation du second Fils de cette Dame, en partie manquée, est un reproche à lui faire ; ou s'il ne doit tomber que sur le Jeune-homme : La Mère est si respectable, sa conduite fut toujours si digne d'être citée pour modele, que je n'ôse prononcer.

MARION, ou la Fille Naturelle, *est une Enfant que l'éducation détermine au bien, & qui doit un nouvel être à son Bienfaiteur. Sans lui, pauvre, manquant de tout, avilie, méprisable peut-être, ou tout aumoins méprisée : par ses soins, vertueuse, charmante, adorée, digne en-un-mot, de faire le bonheur d'un honnête-homme. Combien en est-il parmi les malheureuses Victimes devouées à la dégradation la plus complette, auxquelles il n'a manqué que de legers secours pour faire aujourd'hui l'honneur & les délices de la société !*

PRÉFACE
DE L'ÉDITEUR.

Le but de ce petit Ouvrage, & ſon effet ſur tous ceux dont il a été lu, c'eſt de porter à l'humanité. Si tous les Romans réuniſſaient au même degré, les avantages de celui-ci, la lecture en ſerait plus utile que celle des Livres de morale, preſque toujours froids & rebutans pour la plupart des Lecteurs.

Certaines perſones ſ'élèvent avec trop d'acharnement ſans-doute contre les Romans; &, faute d'examen, en confondent les eſpèces: ce genre de littérature eſt en lui-même louable, utile, & parconſéquent permis.

Son utilité se prouverait aisément, si l'on voulait examiner sans prévention, à combien de Jeunes-gens des deux sexes les Romans honnêtes ont inspiré des sentimens de vertu. Mais il est superflu de s'arrêter à prouver cette thèse : les Romans ne servissent-ils qu'à nous procurer les momens délicieux que leur lecture nous fait passer, ils seraient très-utiles : ils font plûs ; ils exercent la sensibilité du cœur, ils dévelopent la faculté de penser, ils apprennent à s'exprimer, ils adoucissent les mœurs, ils préservent de l'ennui la classe des Citoyens aisés, & non-seulement de l'ennui, mais d'un jeu ruineux, ou d'une crapuleuse débauche : les Joueurs, les Libertins outrés, les Ivrognes, les

Avares, & toutes les âmes dures, méprisent les Romans, & sont à cet égard du même avis que les Moralistes les plus sévères.

J'infère de-là, qu'un simple Roman est supérieur aux plus excellens morceaux de musique & de peinture, qui ne sont, au fond, que des opérations demi-intellectuelles. Mais que dirons-nous d'un Livre propre à faire aimer la vertu? Ce qu'on ne peut trop répéter aux Détracteurs des Romans : L'art de faire des Fictions ingénieuses est le premier des beaux arts, & ses productions sont aussi légitimes, & plus dignes d'admiration que celles d'aucun autre. Nous leur dirons, qu'il est utile, & même nécessaire, dans un puissant État, qu'il y ait des Romans, & que le genre en ſoit aſſés varié pour ſatiſſaire tous les goûts : parce qu'il eſt de fait, que les Liseurs de profeſſion, ſont plus doux, plus humains, plus polis, d'une probité plus délicate, en-un-mot d'une conduite plus régulière que le reſte du monde.

On a cru devoir cette courte apologie à nos Productions agréables, eſpèce de travail que nos Puriſtes ont avili par inconſéquence ; puiſque tous les jours ils admirent des arts, inférieurs à celui de faire des Romans, & non moins dangereux, (d'après leurs principes.)

Pour revenir à La Fille Naturelle (*qui n'eſt pas un Roman* *, *mais qu'on ne rougirait pas d'a-*

* Les Perſonages exiſtent; on tient d'eux les détails où l'on eſt entré, leurs diſcours, & juſqu'à leurs penſées.

vouer pour tel, ſi c'en était un) l'on ôse aſſurer au Lecteur, qu'elle peut être mise avec fruit entre les mains des Jeunes-perſonnes, qui verront, dans le double Récit de M.lle Dosier & du Père de Marion, combien il eſt dangereux de ſe livrer à une paſſion trop ſéduisante, capable de plonger une femme dans un abîme de malheurs. Or c'eſt principalement aux Jeunes-perſonnes qu'il faut donner ces frayeurs ſalutaires. Quant à notre ſexe, comme il ne peut rien ſ'il trouve de la résiſtance, on peut l'abandonner un-peu plûs à l'impulſion de la nature: d'autant que cette continuelle recherche qu'il fait des femmes, eſt un aiguillon, qui le contraint à ſe donner du mérite & des talens: en-un-mot, cette recherche fait le charme de la ſociété ; comme la réserve des femmes, leur honnêteté, leur pudeur, en ſont le lien le plus ferme, & la base des mœurs tant publiques que particulières.

On va terminer par le jugement qu'un Critique célèbre a porté de cet Ouvrage, lors de la première édition :

*« Il y a dans ce Roman, des » faits ... qui attacheront ceux » aiment ces ſortes de lectures : » l'intérêt fait oublier les défauts » qui ſ'y trouvent, & ceux du » ſtyle, en-général aſſés négligé**.

* ANNÉE LITTÉRAIRE, ann. 1769, t. II, p. 282.

Nota. Les défauts que le Critique reprochait, ont été corrigés dans cette *édition*.

LA

LA FILLE NATURELLE.

Première Partie.

LIVRE PREMIER,

Qui renferme tous les préliminaires.

IL était ſix heures du ſoir, au mois de novembre, lorſqu'un Homme bien-mis, paſſant de la rue *Sainthonoré* dans la rue de *Grenelle*, fut abordé par une petite Fille de neuf à dix ans, qui lui demanda l'aumône, avec des instances fort vives. Il tira sa bourse, & se disposait à lui donner quelques pièces de monnaie. Cependant il examinait, à la clarté des boutiques, les traits de la jeune Mandiante. Il entrevit une figure aimable, & qui promettait : Elle avait l'air fin, de beaux yeux ; le son de sa voix était doux & flateur. —Hèlas ! (se dit-il en lui-même) la misère & le crime se tiennent par la main : quel avenir se prépare pour cette jeune Créature ! Un jour, peut-être, l'état de bassesse où je la vois, sera suivi d'un autre encore plus méprisable ! Comment la vertu pourrait-elle germer, & la pudeur native subsister dans un jeune cœur avili, avant même que la raison l'ait éclairé--!

D'Azinval (c'eſt le nom de l'honnête-homme), en fesant cette reflexion, ſentit ſes entrailles ſ'émouvoir. ---Eh, qui m'empêche (continua-t-il) de ſauver cette jeune Enfant ? de lui donner des mœurs ? de préparer de loin ſa félicité ? Aulieu de plaisirs bruyans, ſuivis du dégoût, & quelquefois du remords, j'aurai l'inexprimable ſatiſfaction d'ennoblir l'exiſtance d'un Être intelligent, de voir croître, embellir une Fille aimable : un-jour, peut-être, auſſi vertueuse que charmante, élevée par mes ſoins, tenant tout de mes bienfaits, que ſais-je ſi ſon âme ſenſible, reconnaiſſante, ne me rendra pas le bonheur dont j'ai trop peu joui, & que je n'ai pu retrouver—? . . . .

Tout en ſ'occupant des idées qu'on vient de lire, D'Azinval donnait de l'argent à la petite Fille: —Tenez, mon enfant (lui dit-il): le metier qu'on vous laiſſe faire-là, eſt bien triſte; & l'on vous accoutume de bonne-heure à l'ignominie! —Dieu vous le rendra, mon bon monſieur (repondit la Petite prête à ſ'éloigner). —Attendez (reprit vivement D'Azinval): Écoutez, ma Fille: de quoi vous ſervira le peu que je viens de vous donner? —A m'acheter du pain. —Pour aujourd'hui ſeulememt: & demain ? —Demain ? Je demanderai. —Si par hasard, l'on ne vous donnait rien ? —Je jeûnerais; & puis je pleurerai. —Eſt-ce que vos Parens ne ſuppléeront pas, en vous fesant part de ce qu'ils ont? —Mes Parens? je n'en ai point. —Vous n'en avez plus ? les avez-vous perdus depuis longtemps ? —Je n'en ai jamais eus. —Et les genſ chés qui vous êtes, que vous ſont-ils donc ? —Rien: c'eſt une bonne femme, qui n'a du pain que pour elle, & qui me dit tous les jours d'en-aler chercher pour moi. —D'en-aler chercher pour vous ! . . . Mon enfant, elle eſt donc bien dure, ou bien pauvre ! —Oh ! oui, monſieur. —Conduisez - moi chés cette bonne Femme—.

En chemin, d'Azinval demandait à la Petite, ſi l'état où elle était ne lui paraiſſait pas bien malheureux? —Non, monſieur (repondit-elle avec le ton de l'ingenuité) : on me laiſſe jouer toute la journée, & on ne m'oblige à demander que le ſoir. Quand on m'a beaucoup donné, je reviens toujours en chantant, & madame *Bonnichon*. . . . —Bonnichon ! dites-vous ? —Oui : c'eſt comme ç'a que ſ'appelle la Femme chés quî je demeure . . . Madame Bonnichon connaît par-là que j'ai fait une bonne ſoirée : a' dit à ſon Mari : Tien, Bonnichon, voici la petite *Marion* ; elle eſt riche car a' chante ; prens la bouteille,

& va chercher du vin. (Vous alez voir, comme a' va faire). Je ſuis bien reçue ; je donne ce que j'ai ; l'on me fait ſouper à table, & l'on me mange de careſſes. Si je monte ſans rien dire, madame Bonnichon, dès que j'entre, prend ſa tête à deux mains, & crie bien-fort, bien-fort, qu'elle a la fièvre; & nous alons tous nous coucher ſans ſouper. (Mais a' ſe relève, je l'ai bien vu un jour, & a' ſoupe avec ſon Mari). —Si vous voulez, ma fille, je vous mettrai dans une endroit où vous ſouperez tous les jours, ſans être réduite à la peine de mandier le ſoir, dans les rues, où vous pourriez trouver des genſ qui vous feraient du mal—. La

Petite ſe mit à ſourire. ---Oh ! monſieur, du mal ! on fait accroire ç'a aux petites Demoiselles, pour leur faire peur ; madame Bonnichon me l'a bien dit. —Mon enfant, vous mandiez, & c'eſt une peine bien grande ! —Vous croyez, monſieur : moi, je ne trouve pas ç'a. —(La pauvre enfant ne ſent pas encore ſon malheur !) . . . Mais ſe coucher ſans ſouper, c'en eſt une ſans-doute ? —Oh ! oui. . . . Mais ç'a n'arrive pas ſouvent : & puis, je fais ce que je veux ; madame Bonnichon ne me gronde jamais. —(O liberté ! élément de nos âmes, le goût que tu nous inſpires devance la raison !) . . . Vous ſerez libre autant qu'avec elle. . . .

Savez-vous lire? —Non; c'est trop difficile. —Si pourtant vous voulez quitter madame Bonnichon, je me propose de vous donner une éducation honnête. —Oh! je n'en ai que faire, monsieur. —Quoi! vous ne seriez pas charmée de changer ces vilains habits, pour d'autres? d'être mise avec goût; d'avoir.... —Oh! oui (interompit avec quelque honte la jeune Mandiante): & si c'est ç'a que vous appelez une *éducation honnête*, je voudrais bien que vous me la voulussiez donner. —Pour avoir ces belles choses, ma chère Marion, il faut consentir que je vous place chés une Dame, qui vous montrera à travailler; il faut me promettre que vous apprendrez à lire. . . —Et j'aurai de beaux habits. —Je vous l'assure. —Aussi beaux que la Fille de l'Épicière, notre Hôtesse? —Peut-être plus beaux encore. —Si c'était bien vrai, bien vrai, j'apprendrais tout ce que vous voudriez—.

Ils étaient arrivés dans la rue des *Vieux-Augustins*, à la porte de madame Bonnichon.

Ce nom avait frappé D'AZINVAL; mais il ne pouvait s'imaginer qu'une Femme qu'il avait connue autrefois sous ce nom-là, & qu'il avait inutilement cherchée depuis, fût reduite à la triste situation qu'annonçait le recit de la petite Orfeline. Conduit par cette jeune Enfant, ils gagnèrent enſemble un ſixième. En montant, D'Azinval ſ'occupait agéablement de la bonne action qu'il alait faire ; il ſouriait, en ſongeant au goût de Marion pour la parure : il ſe disait à lui-même : Son cœur eſt ſenſible au desir de plaire ; & ſi ce desir dans les Femmes eſt la cause de bien des vices, il eſt auſſi la ſource de leurs vertus ; il l'eſt de tout le charme qu'elles repandent dans la ſociété. Mais peut-être qu'un-jour cette paſſion aurait perdu l'aimable Enfant qui m'intereſſe ; & je vais avoir le plaisir, le merite de la faire ſervir à ſon avantage ; dans mes mains, ce ſera le reſſort que j'emploierai pour accélerer ſes progrès dans les arts agréables ;

pour lui faire goûter le beau & l'honnête; pour l'engager à respecter ses propres attraits, dont je ne lui ferai connaître le prix, que pour la rendre plus attentive à ne rien se permettre qui l'avilisse.

De son côté, Marion, toute occupée des promesses de son Bienfaiteur, ne songeait pas à chanter, suivant son usage lorsqu'elle était *riche*. En la voyant entrer, la Bonnichon commençait deja son manége, dicté sans-doute par la nécessité : la vue d'un Étranger qui avait un air de distinction, l'empêcha de continuer. Cette Femme était justement celle que cherchait D'Azinval ; mais il eut peine à la reconnaître : le besoin & l'indigence précipitent la vieilleſſe ; ils deforment le corps, & flétriſſent l'âme. Il lui parla quelque temps, avant que de ſe découvrir. La Bonnichon écouta ce qu'il lui dit avec beaucoup d'attention & de reſpect. Lorſqu'il eut ceſſé de parler, elle lui fit le tableau de ſa ſituation. Il fut touchant, & D'Azinval en aurait été attendri, quand cette Femme n'eût pas été celle qu'il voulait obliger. —Je ſuis, monſieur (lui dit-elle), l'épouse d'un pauvre *Metteur-en-œuvre :* nous avons joui de quelqu'aisance autrefois : mon Mari travaillait ; je tenais une maison que je louais en chambre-garnie : mais des malheurs nous ont fait perdre tout ; & pour mettre le comble à notre infortune, la vue manque à Bonnichon ; il ne peut aujourd'hui s'occuper qu'à des ouvrages grossiers, modiquement payés... Hèlas ! monsieur, ce qui rend mes chagrins plus cuisans, c'est que notre ruine fut causée par mon imprudence, & mon avidité : je le dis avec confusion ; si j'avais été tout rondement mon chemin... Mais comme on dit, *Ce que vient de la flûte, s'en retourne au tambour....* Dieu m'a punie, & nous manquons... du nécessaire.... Cette pauvre Orfeline que vous voyez, dont je m'étais chargée dans des temps moins malheureux, aulieu de recevoir de moi sa subsistance, contribue aucontraire à la nôtre. La pauvre Enfant ! elle a été abandonnée ; elle ne tient plus à personne : c'eſt ce qui a fait que j'ai cru pouvoir profiter d'un âge, où il n'y a pas encore de danger, pour lui faire demander. . . . —Où il n'y a pas encore de danger (interompit D'Azinval) ! vous devez pourtant connaître toute la dépravation du cœur humain ? Madame Bonnichon, vous allez perdre cette innocente Créature ; ajouter une nouvelle imprudence à celles que vous vous reprochez. Croyez néanmoins que cette avanture eſt également heureuse pour elle, pour vous, & pour moi-même ; rappelez vos idées ; vous voyez un Homme que vous avez ſervi, & qui peut aujourd'hui vous marquer ſa reconnaiſſance : c'eſt D'Azinval lui-même que cette Enfant vient de vous amener—. La Bonnichon ne pouvait en croire ſes oreilles & ſes yeux : cependant à force de le conſiderer, elle démêla enfin les traits d'un Jeune-homme qu'elle avait autrefois ſervi dans une intrigue amoureuse ; elle verſa des larmes. D'Azinval continua. —Souffrez que je me charge de cette Orfeline : je vais procurer à votre Mari un emploi conforme à ſa capacité ; je prendrai ſoin de vous ; je ne vous abandonnerai jamais—. La Bonnichon ne ſe poſſéda plus ; elle fit éclater ſa joie de mille manières. Son Mari, qui revenait de porter de l'ouvrage, l'ouvrage, étant rentré, elle s'empressa de l'instruire de leur bonne fortune ; ils se réunirent tous-deux pour faire mille remercîmens à leur Bienfaiteur. D'Azinval leur dit de tenir Marion prête pour le lendemain de bonne-heure. Avant de se retirer, il leur donna quelques louis, en leur recommandant de mettre la petite Orfeline plus décemment.

Depuis longtemps D'Azinval n'avait passé de nuit aussi agreable que celle qui suivit cette bonne action : une joie douce & pure le pénétrait. Il n'éprouvait pas des mouvemens tumultueux; son cœur ne tressaillait pas ; mais il était satisfait. Il se représentait les suites qu'auraient ses soins pour Marion : il la voyait fixant les regards par ſes attraits, & feſant naître l'admiration par ſes talens : il ſe disait, qu'elle ſerait reconnaiſſante, & qu'elle le regarderait un-jour comme ſon père. La comparaison qu'il fesait enſuite de ſes diſpositions présentes, avec les goûts de tant de perſonnes riches, qui ſe dégradent elles-mêmes, en idolâtrant de vils animaux, lui montrait de combien il les ſurpaſſait : un noble orgueil naiſſait de cette réflexion, & venait affermir la ſage résolution qu'il avait prise. Quoi ! (ſe disait-il en lui-même), l'on prodiguera les ſoins & les careſſes à des brutes incapables de connaître tout le prix de l'affection qu'on leur porte ! un épagneul *, un perroquet, une guenuche feront les ridicules objets d'un attachement excessif ; & l'on entendra sans émotion les gémissemens de l'Orfelin affa-

* L'on n'entend pas ici proscrire absolument l'affection pour les animaux : loin de-là ; ce goût marque ordinairement une âme sensible. Mais l'homme étant le plus parfait des animaux, & notre semblable, il doit être préféré. Une autre observation qu'on se permettra, c'est que les herbivores, quel que soit leur nombre, ne diminuent pas la subsistance de l'espèce humaine ; ils l'augmentent même en différentes manières. Les carnivores & les frugivores aucontraire partagent nos alimens avec nous ; il en est dont la société dangereuse a causé des malheurs sur lesquels l'imagination n'oserait se fixer : il semble qu'on devrait être extrêmement circonspect à en tolérer la multiplication, sur-tout dans les grandes villes. Cent mille de ces derniers, en un temps de disette, consomment à-peu-près ce qui suffirait à vingt mille Indigens. Que la raison & l'humanité prononcent.

mé! Peut-on être insensible à la douceur de former son semblable, d'exciter dans son cœur la confiance & l'inestimable amitié; de cultiver ses talens ; d'élever son âme abattue, dégradée par l'infortune ; de tirer de l'opprobre une innocente Beauté, pour l'unir quelque jour avec l'Amant qu'on aura choisi pour elle ; de voir sa félicité ; de l'entendre nous dire qu'elle nous la doit ! Oui (ajoutait-il), un Orfelin devrait être d'un plus grand prix que les diamans : c'est un trésor que les gens aisés & sans enfans devraient s'arracher, s'approprier : qu'ils ne craignent pas l'ingratitude ; c'est le Bienfaiteur, & non le bienfait, qui le plus ſouvent devient à charge, & rend méconnaiſſant : la hauteur & l'exigeance aliènent ; l'affabilité, l'imprétention gagnent les cœurs, & de nos obligés nous font des amis—.

Le lendemain, d'Azinval ſ'éveilla plutôt que de coutume : il éprouvait un empreſſement qui l'étonna lui-même. Il ſe hâta de ſortir, mais ſeul ; il prit un caroſſe de place, & ſe rendit chés la Bonnichon. Il trouva la petite Marion aſſés proprement vêtue : il la fit monter dans la voiture, ſans inſtruire les bonnes-genſ qui la lui remettaient de ſes deſſeins & de l'endroit où il la conduiſait. Son but était de la ſouſtraire tout-d'un-coup à la vue de ceux qui la connaiſſaient, & de faire enſorte, qu'un jour l'Orfeline elle-même oubliât ſa première baſſeſſe. Pour commencer à la former, & flater ſon goût par un metier agréable, qui l'accoutumerait au travail en l'amusant, il la plaça chés une Marchande-de-modes recommandable par ſes mœurs, & dont la maison régulière, devait être un ſûr asile pour Marion. En la laiſſant, il recommanda qu'on eût des égards pour elle durant ſon apprentiſſage, des attentions, de la conſidération même : il ſavait que l'on en doit à ceux que l'on oblige : faire l'aumone, c'eſt être humain ; donner, en ſauvant la honte de de recevoir, c'eſt reſſembler à la divinité. Il inſtruisit la Marchande de la manière dont il était à-propos de ſe conduire avec la petite Orfeline, pour lui inſpirer le goût du travail ; il recommanda de recompenſer ſes progrès par de nouveaux ajuſtemens, & pourvut à tous ſes besoins.

Dans les premiers temps, D'Azinval venait rarement voir ſa Pupille : des affaires, des voyages l'en empêchaient, Marion, de ſon côté, ne goûta pas tout-d'un coup ſon nouveau genre de vie : malgré tous les ménagemens qu'avait la Marchande, la petite Perſonne regretta LA-Bonnichon & ſa liberté : on vit quelquefois couler ſes larmes. La Fille de madame *Monclar*

(c'eſt le nom de la Marchande) ſ'éprit pour la jeune Orfeline de la plus tendre amitié : l'ennui de Marion ne put tenir contre les careſſes & les prévenances de *Suſette* ; il ne dura que juſqu'à ce que ſon cœur ſe fût attendri pour ſa jolie Compagne. Mais auparavant il ſ'était écoulé plus de ſix mois : & pendant tout ce temps-là, il faut avouer que la Maitreſſe de Marion n'avait pas eu à ſe louer d'elle.

La jeune Orfeline commençait néanmoins à changer en mieux, lorſque D'Azinval ſe trouva dans la néceſſité de faire un voyage qui devait durer un an. Avant de ſ'éloigner, il lui donna quelques avis ; mais en lui

montrant

montrant tant de bonté, qu'ils ne l'aigrirent pas; aulieu que les remontrances, ſouvent très-légères, de la bonne Marchande, avaient preſque toujours cet effet. Quelques momens après qu'il eut pris congé d'elle, Marion monta dans ſa chambre; elle y reſta plusieurs heures: Susette, ſon amie, inquiète & ſurpriſe de cette longue abſence, fut la trouver. Lorſqu'elle entra, Marion fondait en larmes. —Ah ma chère Susette, lui dit l'Orfeline en l'embraſſant de toute ſa force, il eſt parti! . . . un an ſans le voir—! La Fille de la Marchande n'avait pas cru Marion capable de tant d'attachement: cette découverte la lui rendit plus chère. Elle tâcha de la consoler, & n'y réussit pas entièrement.

Durant l'absence de son Bienfaiteur, Marion se forma; prit du goût à l'ouvrage, & sentit toute l'étendue des obligations qu'elle avait à D'Azinval; elle frémissait quelquefois au souvenir de l'état dont il l'avait tirée. Ces sentimens & ces lumières, j'en conviens, ne lui seraient pas venues sitôt, sans les sages entretiens de son Amie. Ce fut cette Fille raisonnable qui les dévelopa, & qui sut les rendre sensibles.

A son retour, D'Azinval trouva Marion bien différente d'elle-même. Elle accomplissait douze ans. Les soins, la propreté, les bons alimens avaient rendu à sa figure tout l'éclat qu'elle devait naturellement avoir; une modeste retenue règlait son extérieur : l'honnête-homme fut enchanté d'avoir trouvé ce diamant précieux, mais brute, qui sans lui fût demeuré sans éclat. Son attachement en devint plus vif; & pour le prouver à sa Pupille, il lui fit de nouveaux présens.

Il avertit ensuite la Marchande, qu'il serait bientôt dans la nécessité de faire un séjour de plusieurs années dans nos Colonies. Il ajouta, que personne ne pouvant être sûr d'échapper aux dangers d'une longue navigation, il déposerait chés un Notaire une somme suffisante pour former un établissement à

Marion, dans le cas où il n'aurait pas le bonheur de revenir en France. Il pourvut en-outre à l'entretien de la jeune Orfeline pour quatre années ; & tout étant arrangé, D'Azinval dit adieu à sa Pupile, jouit de toute la sensibilité de ce jeune cœur, & se rendit à L'Orient, où il devait s'embarquer.

Susette eut besoin de tout son ascendant sur l'esprit de Marion, pour adoucir le chagrin que lui causa ce nouvel éloignement de son généreux Bienfaiteur. Sa douleur était d'autant plus vive, que ses obligations & sa reconnaissance s'étaient accrues par les bontés que D'Azinval venait d'avoir. Sans se douter de l'effet que ses diſcours feraient ſur ſa jeune Pupile, il avait parlé devant elle des périls auxquels il alait être exposé ſur la mer : Marion ſe les représentait ; ſon imagination vive & timide les lui groſſiſſait encore : & cette Jeune-perſonne, dont le cœur était, peu de temps auparavant, ſans reſſort, abruti par la misère, effraya Susette par l'excès de ſa ſenſibilité.

Nous ne ſuivrons pas D'Azinval dans le Nouveau-monde, où ſes affaires l'appelaient. Il ſuffira de dire, qu'il fut retenu quatre années entières à la Louisiane, & qu'ayant heureusement terminé tout ce qui regardait ſon commerce, avantageusement vendu ſes habitations, il revint dans ſa patrie avec une fortune conſidérable, qu'il ne devait qu'à ſes travaux.

Avant ſon premier voyage, lui-même avait montré à lire à Marion. Les dégouts que l'on éprouve à donner les premiers principes, l'ineptitude de ſon Élève ne le rebutèrent pas. Pendant ſon abſence, Susette acheva ce qu'il avait commencé. D'Azinval avait composé à ſa Pupile une petite bibliothèque de Livres bien choisis, capables d'orner ſon eſprit & de former ſon cœur ; mais le goût lui manquait pour en faire usage : ſon Amie lisait tout-haut auprès d'elle : Marion écoutait ſans comprendre : mais le ton animé de Susette, le ſon d'une voix chérie l'occupaient agréablement ; elle avait du plaisir, ſans en démêler la cause : elle lut à ſon tour, pour imiter ſa chère Susette, & l'empêcher de ſe fatiguer : de-ſorte qu'elle aima d'abord les Livres parce que Susette les aimait ; & bientôt après, parce qu'ils renfermaient de ſages leçons, & qu'ils dévelopaient dans ſon cœur le germe de la vertu.

A treize ans, la jeune Orfeline ſe trouva toute autre : ce n'était plus une Enfant, à qui de petites recompenſes fesaient aimer ſon devoir ; elle commençait à penſer mûrement. Marion ſoupirait après le retour de ſon Protecteur, dont elle avait reçu deux Lettres. Les réponſes qu'elle y fit causèrent à D'Azinval la joie la plus vive. Car la Marchande, qui lui écrivait auſſi, eut ſoin de l'aſſurer que le cœur de Marion les avait dictées. Elle y fesait le tableau de ſes ſentimens pour ſon généreux Ami ; lui peignait avec une naïveté touchante, le bonheur de ſa ſituation; & l'entretenait de ſes progrès, de ſes amusemens, de ſa parure, de ſes moindres penſées.

Lorſqu'elle eut atteint quinze ans, Marion ſe trouva preſqu'entièrement formée : Elle n'était pas grande, mais ſa taille légère avait cette fineſſe & cette proportion qui ſéduisent : des cheveux cendrés les plus beaux du monde ornaient ſon front modeſte : le tour de ſa physionomie était piquant : ſes grands yeux bleus exprimaient toute la ſenſibilité de ſon âme : elle avait le néz aquilin ; la bouche comme un bouton de rose : ſa blancheur éblouiſſait ; il ne manquait à ſon teint que d'être nuancé par ce vermillon léger, qui annonce l'âge des plaisirs : elle avait la main mignone ; les bras & la gorge arrondis par les Amours ; une jambe fine ; le piéd petit, & comme il le faut pour augmenter le prix des autres attraits. On voyait règner ſur ſon visage un air de ſatiſfaction, qui marquait l'innocence & la tranquillité. Sa figure était devenue plus régulière :

ſes traits, en ſe développant, avaient changé ; l'on aurait eu peine à ſe perſuader, après avoir été long-temps ſans la voir, que c'était la même perſonne.

Telle était Marion, quand D'Azinval revint à Paris. Dès qu'il eut embraſſé des Parens qu'il aimait beaucoup, quoiqu'ils l'euſſent conſtamment chagriné depuis ſa jeuneſſe, ſon premier ſoin fut de voler auprès de celle qu'il regardait comme un dépôt que le Ciel lui avait confié. Il eſt impoſſible de peindre les tranſports de Marion, en voyant ſon Bienfaiteur deſcendre de ſa voiture : elle le reconnut tout-d'un-coup : il entrait à-peine, il ne l'avait pas encore cherchée des yeux, qu'elle était dans ſes bras. D'Azinval ſentit ſon cœur ſ'émouvoir délicieusement : il la baisa ſur le front ; la preſſa contre ſa poitrine, avec un ſentiment de tendreſſe inexprimable ; & néanmoins il mit de la réserve & de la dignité dans ſes plus tendres careſſes.

D'Azinval n'avait pas encore eu le temps d'examiner Marion. Lorſqu'elle ſe fut aſſise à côté de lui, qu'il l'eut fixée, ſa ſurprise fut exrême de la voir ſi belle, & de trouver dans cette Jeune perſonne, qu'il avait rencontrée par-hasard, plongée dans l'aviliſſement, les traits d'une Amante chérie, qui avait causé tous ſes plaisirs & tous ſes malheurs. Un douloureux ſouvenir excita ſes larmes : il ne les contraignit pas; elles coulèrent abondamment: & l'aimable Orfeline touchée, attendrie, en répandait avec lui. Tout cela ſe paſſait rapidement, & paraiſſait néanmoins aſſés particulier. Il arrivait, disait à peine un mot à ſa Pupile, & pleurait : la Jeune-perſonne lui répondait de la même manière. La Marchande & ſa Fille les regardaient avec ſurprise. D'Azinval ſentit la ſingularité; il ſe remit; entretint la Maitreſſe de Marion ; écouta, avec une ſatiſfaction qui éclatait dans tous ſes mouvemens, les louanges que l'on fit de ſa Protégée; & ne ſortit qu'à-regret, après avoir reſté fort longtemps.

En quittant Marion, il était agité de mille pensées différentes. La beauté de l'Orfeline, sa sensibilité, les qualités de son cœur & de son esprit l'enchantaient. Et puis cette réflexion, que le Bienfaiteur le plus modeste peut toujours faire : *C'est mon ouvrage : Sans moi, aulieu d'une Fille charmante, qui réunit toutes les perfections, ma Pupile serait une mandiante infortunée, avilie.....* Oui, j'ose le dire, un Bienfaiteur peut se complaire dans les qualités de l'Objet qu'il oblige, & s'en attribuer les vertus : ce n'est pas orgueil, égoïsme, amour-propre ; c'est une jouissance légitime, & semblable à celle que la Religion fait espérer aux

Juſtes dans le ſein de la Divinité.

D'Azinval ne douta point que le trouble dont il ne pouvait ſe défendre, ne fût de l'amour. Il croyait avoir trop bien connu cette impérieuse paſſion, pour ſ'y méprendre. — O Ciel (ſ'écria-t-il) recompenſez-vous donc ſi vite le peu de bien que nous fesons ! ah que le prix que vous y donneriez, ſi j'obtenais le cœur de Marion, ſurpaſſerait & le bienfait & mes eſpérances !..... Mais ! quels traits elle m'a rappelés ! & que penſer de la reſſemblance preſque parfaite de cette Jeune-perſonne avec ma chère *Manon !*... Si mon bonheur voulait qu'elle fût ſa parente, ſa nièce, que ſait-on ?... Je n'ai fait aucune queſtion à ces bonnes-genſ qui me l'ont donnée; peut-être m'aideront-ils à découvrir la vérité—.

Il courut chés Bonnichon, dont la Femme le reçut comme un Dieu-ſauveur, qui protégeait leur vieilleſſe infortunée.

—Je ne vous ai pas demandé, madame Bonnichon (lui dit-il) ſi vous aviez connu les Parens de la Jeune-perſonne dont je me ſuis chargé? De quî la teniez-vous? —Je la tenais, monſieur, d'une pauvre Femme de village, ſa nourrice, à laquelle on avait ceſſé de payer les mois. —Reconnaîtriez-vous encore cette Nourrice, & pourriez-vous me la trouver? —Oh-mondieu! très-facilement, monſieur : elle eſt de Palaiseau, & ſe nomme LA-MARTIN. — Il faut m'accompagner chés cette Femme & me la faire connaître ; je vous prendrai demain matin ; tenez-vous prête. — Auriez-vous donc, monſieur, fait quelque découverte ſur la petite Marion ? — Je veux (reprit D'AZINVAL) intéroger moi-même la Nourrice de ma Pupile —. Et ſans lui donner de plus grandes lumières, il la quitta.

Le lendemain, de bonne-heure, il revint avec une voiture, y fit monter LA-BONNICHON, & ſe rendit avec elle à Palaiseau.

Ils y trouvèrent aiſément LA-MARTIN, que la Femme du Metteur-en-œuvre remit tout-d'un-

coup :

coup : ces deux Femmes renouvelèrent connaiſſance. —Mondieu ! m'ame Martin (dit LA-Bonnichon), vous remémoririez-vous le nom de cette Demoiselle qui vous donna la petite Marion? —La p'tite Marion ! eſt-ce que queuqu'un la charche ? —Oui, c'eſt Monſieur. —Monſieu ! . . Mais vrament. . . ſi j'ôsions. . . Oh ! m'ame Bonnichon, ne diriais-vous pas que Monſieu li reſſemble comme ç'a du haut du visage ? —Vous êtes folle, m'ame Martin ! Mais il ne ſ'agit pas de ç'a. Vous m'avez dit le nom de cette Demoiselle dans le temps ; vous en ſouviendriez-vous encore ? —Attendez. . . . ma foi. . . non. Je devrions pourtant ne pas l'avoir oublié : l'enjoleuse !... j'ons été bien dupe, monſieu ! mais, comme on dit, *Où il n'y a rien, le Roi perd ſes droits.* —Tâchez, ma Bonne, (lui dit D'Azinval), de vous rappeler ce qu'on vous demande : vous ne perdrez rien ; c'eſt moi qui vous en aſſure. —Ah mondieu ! mon cher monſieu, ç'a ſerait une grande charité ! mon homme eſt carrier : il a eu le malheur, il y a queuque temps, de ſe rencontrer ſous la chute d'une pierre ; & ſans un petit enfoncement, où il ſe muſſa, il était écrasé comme une limace : il a eu bien de la peine à ſe remettre : mon Garſon aîné, qui commençait à gagner, vient d'avoir les fièvres, &c. . . . —Hèlas! m'ame Martin, (intérompit La-Bonnichon) *Les peines des autres ne guérissent pas les nôtres*, comme on dit : Monsieur est pressé : ne pourriez-vous pas seulement nous indiquer où cette Demoiselle demeurait ? —Ma-foi ! j'ons le nom de sa rue su l'bout d'la langue ; mais je n'saurions l'dire. . . I'm' semble que si j'étions dans Paris, j'entrerions tout d'got dans son alée. Sauf respect, not' bourique la connaissait encore mieux qu' moi, & quand j'alions à la ville, la pauv' bête ne l'arait pas passée, l'eût-on moulue de coups : mais alle est morte (ce qui fut dit en soupirant). —Vous vivez, vous, m'ame Martin (intérompit La-Bonnichon , qui partageait l'attendrissement de la Nourrice), & tant-mieux ! aussi-bien votre bourique n'aurait pu nous en dire autant que vous—... D'Azinval, ennuyé de ces verbiages, dit à La-Martin de monter avec eux dans la chaise , & que ses peines seraient payées.

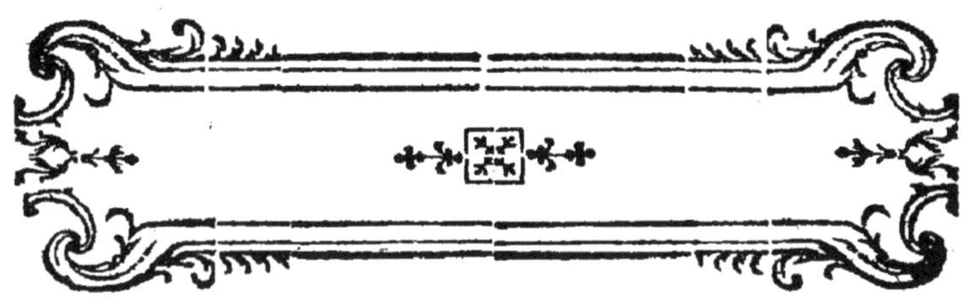

LIVRE SECOND,

Où l'on trouve des éclaicissemens.

ARRIVÉS à Paris, D'AZINVAL & LA-BONNICHON, dirigés par la Nourrice, se rendirent à la maison dans laquelle avait demeuré la Personne qu'ils croyaient mère de Marion : mais depuis douze ans cette Demoiselle (comme la nommait LA-MARTIN) avait quitté son appartement & le quartier, après un malheur qui la priva de sa petite fortune. On parla d'accusation, d'emprisonnement. D'Azinval courut toutes ces horribles demeures, où si souvent l'innocence & le crime ſont confondus. La-Martin n'y reconnut perſonne qui reſſemblât à celle qu'on cherchait. Enfin la journée alait finir, & fatigué de ces infructueuses démarches, le Bienfaiteur de Marion ſe retirait chés lui, lorſqu'au coin d'une rue, il aperçut plusieurs perſonnes raſſemblées autour d'une Femme maigre, exténuée, qui venait de ſe trouver-mal. Il fit arrêter, dans le deſſein de lui offrir des ſecours plus efficaces qu'une ſtérile pitié. La-Martin fait un cri de ſurprise. —Ah mondieu! ma chère dame, où demoiselle, il n'importe; comme vous vela! . . . Monſieu! c'eſt la parſonne que je charchons—! D'Azinval mit piéd à terre : il envisagea celle à quî la Nourrice venait de parler ; il lui sembla qu'il l'avait vue quelque part ; mais il y avait si longtemps, que ses traits ne lui retracèrent qu'un souvenir confus. Il lui dit honnêtement le sujet qui lui fesait desirer de l'entretenir. Et la Demoiselle, qui venait de reconnaître La-Martin, pria d'Azinval de la suivre jusqu'à son petit réduit.

—Vous êtes pour moi, monsieur (lui dit-elle lorsqu'on fut dans sa chambre), un Ange de lumière . . . Serait-il possible que je revisse ma chère Marion ! . . . J'ignore les motifs qui vous engagent à prendre les intérêts de cette pauvre Femme : mais si l'humanité ſeule vous guide, vous ne ſerez pas inſenſible à ce que je vais vous expoſer.

La plus tendre amitié pour une Compagne avec laquelle je fus liée dès ſa jeuneſſe, m'a ſeule engagée à me charger de l'Enfant que j'ai remiſe à cette Nourrice. Un voile impénétrable, vous le ſavez, monſieur, nous cache l'avenir : je vivais dans l'aiſance ; & je ne prévoyais pas qu'un-jour, bien-loin d'être en état de pourvoir à ſa ſubſiſtance, je ſerais réduite à l'humiliation de devoir à d'autres le pain de douleur qui prolonge des jours infortunés—. ... Elle ſ'intérompit ; les larmes & les ſanglots ne lui permettant pas de continuer. Puis regardant l'homme l'homme ſenſible qui ſ'intéreſſait à ſon ſort : —Ils ne le ſont plus, monſieur, ſ'il eſt vrai que ma chère Enfant ait échappé aux dangers que je redoutais pour elle, & que le Ciel lui ait réservé un Protecteur tel que vous—. D'Azinval, qui comprit qu'elle n'était pas la mère de Marion, ou tout au-moins qu'elle ne jugeait pas à-propos de l'avouer, n'inſiſta pas ſur des éclairciſſemens. Il lui dit qu'il reviendrait le lendemain, la prier de lui faire des détails, qu'il ſerait charmé qui ne fuſſent entendus que de lui. La pauvre Demoiselle ſentit tout ce que ce ménagement avait de délicat & d'honnête : elle l'aſſura qu'elle était diſposée à le satisfaire, & que ses manières lui inspiraient de la confiance. Le généreux D'Azinval partit avec La-Bonnichon & La-Martin, satisfit & renvoya cette dernière, remit La-Bonnichon chés elle, & se rendit auprès de Marion.

Il était tard ; on venait de quitter l'ouvrage lorsqu'il entra : D'Azinval entretint sa Pupile en particulier. Il fut agréablement surpris de la solidité de son jugement & de la finesse de son esprit : il se confirma dans le dessein de s'attacher à elle. Cette charmante idée s'empara de son imagination ; il rêva. —Marion me devra tout ; je ferai tout pour elle : ses mœurs, son état, sa fortune seront mon ouvrage : elle envisagera dans le même homme, un père, ſon bienfaiteur & ſon époux. Oh! qu'elle me ſera chère!... Ma Mère... ne m'empêchera pas de diſposer du fruit de mes travaux : les peines, les ſoins que m'ont coûté les biens que je poſſède, les dangers que j'ai courus, ne me mettent-ils pas en droit d'en jouir librement, & d'être heureux enfin?... Mes Parens eux-mêmes m'ont éloigné de leur présence : ils m'ont fait abandonner cette Fille ſi digne d'être heureuse, que mon cœur avait choisie.... Leur ſévérité n'a point diminué mon reſpect; mais elle eſt devenue le principe & la cause de mon indépendance.... O Manon! eſtimable & tendre Manon, faut-il que ta vie... Mais, pas un plaisir qui ſoit pur—! ....

Trop occupé de Marion, & du projet de lui faire un ſort brillant, d'Azinval avait ceſſé de lui parler, pour ſe livrer aux réflexions qu'on vient de lire. L'aimable Fille les intérompit.

—Pardon, monſieur, lui dit-elle : mais, ... vous gardez le ſilence ; ... vous venez de ſoupirer ? —Oui, ma chère Marion. Tous les inſtans de ma vie n'ont pas reſſemblé à celui-ci : quelquefois, je m'en retrace qui m'attriſtent, & m'arrachent des larmes. —Vous ! ſi vertueux, ſi digne du bonheur, ... vous avez donc été malheureux ?

—Marion, je ne le ſuis plus. —Eh! qui ſont donc les méchans qui vous ont fait ſouffrir? —Vous êtes trop jeune encore pour ces confidences-là; un-jour, je vous les ferai. —Ah! ne craignez rien de mon indiſcrétion: je regarderais comme arrivé à moi-même tout ce que vous me diriez de vous. —Non, ma chère fille, il n'eſt pas temps encore—. Ce nom de *ma chère fille*, que D'Azinval venait de lui donner, retentit juſqu'au fond du cœur de Marion: elle ne répondit pas, mais elle leva les yeux ſur ſon Bienfaiteur, d'un air ſi tendre, ſi pénétré! elle ſoupira, ſans ſ'en apercevoir. D'Azinval, hors de lui, preſſa dans les ſiennes la main de Marion. —Je ſuis aimé ! je le ſuis ! (ſe dit-il en lui même) : quelle félicité ! Demain je connaîtrai cette Enfant. Oh ! ſi Marion alait être ce que je penſe; que le même ſang animât.... Oui, je crois entendre au fond de mon cœur une voix ſecrette, qui me le dit, ma Pupile eſt la parente de ma chère Manon ; c'eſt ma première Amante que j'aime en elle—....

Dans ce moment Susette, cette amie généreuse de Marion, les aborda. —Voila (dit la jeune Orfeline à D'Azinval), ce qu'après vous j'aime le mieux au monde. Si vous ſaviez tout ce qu'elle a fait pour moi ! . . . Je n'oublierai pas plûs ſes ſoins que vos bienfaits—. Susette rougit : &

ce mouvement d'une timide pudeur la rendit ſi belle, que ſi Marion n'eût pas rempli toute ſon âme, D'Azinval n'aurait pu demeurer inſenſible à des charmes ſi touchans. La manière dont il lui témoigna ſa reconnaiſſance fut ſi vive ; il y mit tant de feu, que l'aimable Fille, interdite & confuſe, ne lui répondit que par une révérence.

Quoique cette Jeune-perſonne ne faſſe pas un rôle conſidérable dans l'Hiſtoire de Marion, ce qu'on en a deja vu doit intéreſſer pour elle : ajoutons, que malgré ſa jeuneſſe, elle avait eu une avanture, capable par elle-même d'exciter la curioſité du Lecteur, & d'augmenter l'eſtime qu'elle a inſpirée.

VICTOIRE-SUSANNE MONCLAR avait dix-neuf ans : elle était bien-faite, & d'une taille entre la moyenne & la grande : ſes traits étaient prononcés ; elle avait un air fin, & la carnation la plus belle qu'on pût voir : ſon ſourire était charmant, quoique ſa bouche fût un peu-grande ; la vivacité de ſes yeux marquait à-la-fois de l'eſprit & de la bonté. Son humeur avait été folâtre ; elle n'était plus que gaie ; mais ſon enjoûment avait toujours eu une grâce infinie.

A quinze ans, l'aimable Susette avait fait la conquête du Fils d'un grand Prince. L'on en ſera peu ſurpris, ſi l'on réfléchit que le genre de commerce dont étaient ſes Parens, la tenait continuellement en vue. Le ſoir, aux lumières, il ne paſſait perſonne qui ne ſ'arrêtât pour l'admirer ; & malgré l'attention qu'elle avait à ſe dérober à cet incommode examen, il reſtait toujours quelqu'endroit que les rideaux ne couvraient pas entièrement. Ce fut cette eſpèce de célébrité qui la fit remarquer du jeune Prince.

Il était encore peu connu dans le monde, ne fesant à-peine que de finir ſes exercices. Devenu tout-d'un-coup éperdûment amoureux de Susette, il vit bientôt l'impoſſibilité d'entretenir l'Objet de ſa paſſion, ſans mettre ſon Gouverneur dans ſa confidence. Il ſ'y détermina donc. Celui-ci était trop ſage pour rien prendre ſur lui : de-ſorte qu'il découvrit tout à M.r le D··· d··· ·····, père de ſon illuſtre Élève. Ce Prince ne fit que rire de l'inclination de ſon Fils, & donna même aſſés clairement à entendre, qu'il falait lui fournir tous les moyens de pouſſer ſa pointe, en prenant d'ailleurs certaines précautions. —Mon but (dit-il au Gouverneur), n'eſt pas d'empêcher monſieur le D··· de······· de goûter les plaiſirs de l'amour ; au-contraire, je voudrais qu'il émouſſât bien-vite la pointe de ce goût dangereux; l'âge où il eſt, & ſa dépendance, rendent encore une intrigue ſans-conſéquence à tous égards : qu'il y donne donc; qu'il ſuive celle-ci ; & puiſſe-t-il connaître ſi bien le vide de tout cela, qu'il n'y revienne plus dans l'âge des affaires—. Le Prince détailla ſur-le-champ quelques-unes des précautions à-prendre , & laiſſa les autres à la prudence du Gentilhomme qu'il avait donné pour Gouverneur à ſon Fils.

Cette condition principale, que le D··· d······· avait preſcrite , était ſingulière : Il falait que le jeune Prince , juſqu'à ſon mariage exclusivement , crût n'avoir aimé que des Perſonnes dont la vertu avait auparavant fait naufrage. On devait l'empêcher d'aborder toutes celles qui refuseraient de ſe prêter à cet arrangement ; ou faire cesser tout commerce avec elles, si elles se démentaient.

Le Gouverneur, avant que de permettre à son Élève d'entretenir Susette de son amour, voulut la voir, & sonder ses dispositions : il la trouva si honnête ; ses Parens lui parurent si respectables, qu'il ne crut pas devoir s'ouvrir avec elle ni avec eux : mais pressé par le jeune Prince, il prit un autre tempérament, qui fut de lui donner la liberté de se faire aimer.

Le jeune Amant, entre plusieurs moyens proposés, choisit celui de se déguiser, en se fesant passer pour le Fils d'un Homme riche, & d'une condition ordinaire. L'on ala faire quelques emplettes chés la Marchande ; & tandis que le Gouverneur les choisissait & les fesait préparer, le Prince (qui avoit pris le nom de M. *Fontange*) causait avec Susette, & la consultait sur tout ce qui était de son ressort dans l'habillement d'un homme. Cette première visite fut suivie d'une infinité d'autres ; tous les jours l'on avait besoin de quelque chose, & tous les jours on alait chés Susette.

On ne tarda pas à parler d'amour. La Jeune-personne n'était rien moins qu'insensible; le Prince était charmant, éperdûment amoureux ; il avait plu : la jolie Susette ne différa l'aveu de sa défaite, qu'autant de temps que la pudeur balança le pouvoir de ſa paſſion naiſſante : mais comme celle-ci prenait tous les jours de nouvelles forces, elle l'emporta bientôt. Aubout de deux mois, elle avoua qu'elle aimait.

Le Gouverneur ne manqua pas de ſ'en apercevoir, à l'air ſatiſfait de ſon Élève : il eut néanmoins la prudence de laiſſer prendre à l'inclination de Susette toute la conſiſtance dont elle était ſuſceptible. Enfin lorſqu'il ſ'aperçut qu'on ſ'adorait, il ſut adroitement ſe ménager un entretien avec la Jeune-perſonne.

Il lui découvrit bruſquement la condition de ſon Élève ; & dans le premier moment de ſa ſurpriſe, il lui détailla, mais avec tous les biais que fait employer un homme-du monde qui a beaucoup d'esprit & point de préjugés, à quelles conditions elle pouvait aimer son Amant, & en être aimée avec l'approbation du D··· d······· lui-même. Susette fut révoltée : elle déclara au Gouverneur du jeune Prince, qu'elle pourrait, peut-être, renoncer à son amour, à la vie même ; & non souffrir qu'on la dégradât, qu'on l'avilît dans l'esprit de son Amant. —L'estime du Prince m'est plus chère que sa tendresse (ajouta-t-elle) : ma raison, la distance que son rang met entre lui & moi, peuvent me faire une loi d'éteindre la seconde ; mais donner atteinte à la première, plutôt mille-fois perdre la vie--!

On l'aſſura que tout était fini. Cependant après l'avoir comme accâblée, on fit luire l'eſpérance dans le lointain, en lui donnant à entendre que cette idée desavantageuse ne devant être que momentanée, l'on ne voyait pas qu'il fût abſolument impoſſible de l'accorder avec ſa délicateſſe; que le Prince n'en ſerait peut-être ni moins tendre, ni plus entreprenant; qu'au-reſte, les raisons qu'avait M.[r] le D··· d······, étant très-fortes & très-importantes pour le bonheur de ſon Fils, il était non-ſeulement honnête, mais glorieux de les ſeconder.

Tout cela ne perſuadait guère une

une Jeune-perſonne exceſſivement tendre à-la-vérité, mais plus vertueuse encore qu'elle n'était ſenſible. Voyant donc qu'elle ne ſe déterminait pas, on l'aſſura qu'elle ſ'exposerait à tout perdre, ſans rien gagner; puiſque le jeune Prince alait ceſſer de la voir, par les ordres abſolus d'un Père: on ajouta, que ſon Amant n'en prendrait pas moins les idées qu'elle redoutait ſi fort de lui voir prendre, & qu'il ne ſerait jamais détrompé. Cette menace fit frémir Susette. Cependant elle ne ſe rendit pas encore: elle déclara même, que la paſſion de ſon Amant ne pouvant avoir le but légitime qu'elle avait d'abord envisagé, l'honneur & la décence exigeaient qu'elle rompît abſolument avec lui.

Il eſt à présumer que Susette aurait été ferme dans cette résolution, quoi qu'il lui en eût coûté. Ses Parens devaient ignorer l'étrange proposition qu'on venait de lui faire; ils n'auraient pu combattre ſes ſcrupules; elle avait ſeulement exigé qu'on lui permît de leur découvrir la condition de ſon Amant. Mais les choses ayant été arrangées de-manière que le jeune Prince (inſtruit par ſon Gouverneur ſuivant les vues du D··· d·······) pût la voir ſeule & en toute liberté, l'entretien qu'ils eurent enſemble, changea ſes diſpositions.

Susette était ſortie ſur les quatre heures, pour une emplette dont ſa Mère l'avait chargée. Le Gouverneur, qui fesait obſerver toutes ſes démarches, en fut averti, & ſous un prétexte honnête, il ſut l'attirer dans le palais du Prince, qui ſe trouvait ſur ſon hemin. Ce fut-là que le jeune Amant, dont la délicateſſe venait d'être ſi cruellement bleſſée, exprima tour-à-tour aux piéds de l'aimable Fille, ſon deseſpoir, ſa tendreſſe, & ſa fureur. Mais la tendreſſe fut la plus forte, & l'emporta ſi visiblement, que Susette vivement touchée, ne fut plus ſenſible qu'à la crainte de ſe voir ſéparer pour toujours d'un Amant ſi ſincère, & ſi digne d'être aimé.

Le jeune Prince, par un instinct plus fort que tout ce qu'on pouvait lui dire, s'était calmé en voyant l'air honnêté & retenu de son Amante : ---Non (se disait-il en lui-même), il n'est pas possible, & l'on me trompe assurément : la candeur est sur les lèvres de ma Susette ; la décence règle chacune de ses démarches ; la pudeur accompagne ses moindres discours, & tous ses regards sont timides & modestes---. Il s'efforçait ainsi d'effacer de sa mémoire tout ce qu'on lui avait appris de desavantageux sur le compte de sa Maitresse. La sérédité reparut sur son visage, il redevint enjoué auprès de Susette, sans en être moins timide ni moins respectueux.

Mais le Gouverneur, après ſ'être bien aſſuré des diſpoſitions de ſon Élève, compoſa la Lettre qu'on va lire, & il eut ſoin que le jeune Prince trouvât moyen & fût tenté de l'intercepter.

LETTRE du GOUVERNEUR, à SUSETTE.

Vous voyez, mademoiselle, combien le caractère de M.r le D··· de········ eſt excellent. Malgré la confidence que vous avez exigé que je lui fiſſe de votre faibleſſe avec un premier Amant, il n'en eſt pas moins tendre, ni moins reſpectueux. Mon avis était qu'on lui en fît myſtére, afin de ne pas alarmer ſa délicateſſe : mais je vois à-préſent que votre ſexe ſ'entend bien mieux que nous en précautions. En-effet, comme vous me l'avez dit, il n'était pas impossible que le Prince n'apprît votre secret par d'autres ; & dans ce cas tout était perdu : aulieu que nous avons à-présent le mérite de la franchise. Je conviens donc, ma belle Demoiselle, que vous l'emportez de beaucoup sur moi en prudence, & que ce que je regardais comme une fausse démarche, est le comble de la sagesse.

De mon côté, je vous conseille en Ami, puisque vous trouvez M. le D··· de······· aimable, de vous en tenir à lui, du-moins tant que le Prince son Père le voudra souffrir : c'est une inclination honorable, & qui ne peut vous faire aucun tort dans le monde ; surtout lorsque l'on croira (comme le jeune Prince en eſt perſuadé) que vous l'avez d'abord aimé en le croyant votre égal. Cette idée eſt encore à vous, & je conviens qu'elle marque toute votre ſagacité, beaucoup de pénétration, & même une expérience qui ſurpaſſent votre âge. Peut-être ce Mouſquetaire votre premier Amant n'eſt-il pas le ſeul.... Aureſte, je n'exige aucun aveu là-deſſus. Vous êtes trop aimable pour qu'on cherche á vous faire rougir. Je ſuis donc avec une parfaite conſidération,

Mademoiselle,

Votre très-humble & très-obéiſſant ſerviteur DE***.

P.S. Je n'ai pas, dans nos visites, l'occasion de vous parler aſſés comodément en particulier, pour vous dire tout ce que je fais pour *vous ; cette Lettre y ſuppléera. Vous avez raiſon de ſonger à votre fortune ; c'eſt l'intention de M.r le D··· d······· de vous faire un ſort gracieux, & les choses ſont déja ſi fort avancées, que j'eſpère vous apporter un contrat à ſigner dans le cours de la ſemaine prochaine.*

Le Gouverneur eut grand ſoin de ſurprendre ſon Élève à lire cette Lettre, & de la reprendre, en lui fesant des plaintes amères de ſon procédé. Il le quitta très-fâché en apparence.

Le cœur du jeune Prince était navré. Il voyait dans Susette une Fille très-ordinaire, un peu fauſſe, très-intéreſſée, qui n'avait peut-être aimé que ſon rang, & la fortune

fortune qu'elle pouvait attendre de M.[r] le D··· d·······. Quelle chute pour un Jeune-homme, qui se croyait aimé pour lui-même! Il fut durant quelques instans persuadé que sa passion était éteinte : mais ce calme apparent fut court ; son amour, mais l'amour outragé, furieux, reprit bientôt le dessus. Il veut sortir ; il veut aler chés Susette. Son Gouverneur, qu'il fait demander, consent de l'y conduire. Ils y volent.

La Jeune-personne ne pouvait se douter de ce qui venait de se passer; la Lettre n'était pas pour elle, & les finesses du Gouverneur lui étaient parfaitement inconnues. Elle reçut donc son Amant d'un air riant & ſatiſfait. Son charmant ſourire parut d'abord le deſarmer; & cependant il produiſit un effet tout contraire. —Ah! dieu! (ſ'écria le jeune Prince)! qui n'y ſerait trompé—! Il ſ'était approché d'elle; il ſ'éloigna ſur-le-champ avec une ſorte de fureur, & ſ'enfonçant dans un fauteuil, il y demeura abſorbé, tourmenté par les plus cruelles réflexions. Tantôt, il entr'ouvrait ſes bras à-demi, comme ſ'il eût deſiré d'y preſſer ſon Amante; & tantôt un geſte d'horreur paraiſſait la repouſſer. —Sa jalouſie l'a repris (dit tout-bas le Gouverneur à Suſette); ne faites pas ſemblant de vous en apercevoir; ſouvenez-vous de vos promeſſes, & de ce que je vous ai dit—. Susette contraignait ſes larmes. Emportée par ſa paſſion, elle voulait tout dire ; & l'inſtant d'après, ce même panchant lui fermait la bouche.

Cependant la vue de la Jeune-perſonne opérait ſur le Prince ; ce n'était plus contr'elle qu'il était irrité, c'était contre ſon deſtin, qui ne permettait pas qu'il fût heureux. Le Gouverneur ſ'applaudiſſait intérieurement de ce que les choses tournaient ſi bien, & il rendait intérieurement hommage à la ſageſſe du Père de ſon Élève, qui prétendait que ſon Fils ne connût les vraies douceurs d'un amour fondé ſur l'eſtime, qu'avec la jeune

Princeſſe qu'il lui deſtinait pour femme. Il ſortit un moment, bien ſûr que ſi Susette était indiſcrette, il ſ'en apercevrait aiſément à ſon retour.

Dès que le Prince ſe crut libre, il ſ'écria douloureusement: —Ah Susette! que vous avais-je fait, pour me rendre ſi malheureux!... Mais, que dis-je? ce n'eſt pas vous, c'eſt moi-même; ... ou plutôt, c'eſt un Scélérat, ... Inſupportable idée!.... Je méritais les prémices de votre cœur, Susette, je les méritais; ma tendreſſe les méritait. (SUSETTE) Eh! vous les avez, cruel! c'eſt vous, c'eſt votre Gouverneur, qui me rendez malheureuse! (LE PRINCE) Pourquoi me tromper encore ! pourquoi chercher à me rendre plus à-plaindre, en vous ôtant à vous-même le reste de mon estime ! (SUSETTE) Entre deux maux également affreux, on choisit le moins douloureux en apparence ; ... & peut-être ai-je mal choisi : car celui que j'éprouve est bien grand ! (LE PRINCE) Ah ma Susette ! chère idole de mon cœur ! vous, malheureuse ! vous, dont je voudrais faire la félicité au prix de mon sang, au prix de tout mon bonheur !... Eh-bien oublions le passé : aimons-nous plûs-que jamais. (SUSETTE) Mon Prince, renonçons plutôt à un panchant qu'on a voulu empoisonner dans sa source. (LE

PRINCE) Si M. De *** m'avait aimé, m'aurait-il appris..... (SUSETTE) *Appris!* ah! il est donc vrai que vous me croyez indigne... Mais il le faut. (LE PRINCE) Eh! pourquoi le falait-il?... Susette! êtes-vous sincère? (SUSETTE) Non... (LE PRINCE) Vous l'êtes par cet aveu, ma Susette; oui, vous l'êtes, & ce mot me rend une partie de mon bonheur... Achevez; je ne veux plus rien apprendre que de vous. (SUSETTE) Vous ne m'avez pas entendue: mais la fatalité qui me poursuit, fait que tout doit tourner contre moi. (LE PRINCE) Je le vois, vous me haïssez; vous évitez tout ce qui peut faire cesser la situation desespérante où je me trouve ! (SUSETTE) Ah ! que ne m'eſt-il permis .. S'il ne ſ'agiſſait que de me ſacrifier moi-même, je n'héſiterais pas... Mais vous m'aimez, je le ſais, je n'en ſaurais plus douter ; & je crains, je redoute plûſque la mort ce que vous auriez à ſouffrir. (LE PRINCE) A mon tour, je ne vous entens pas, Suſette ? Eſt-il donc un état plus douloureux que celui où vous me voyez? (SUSETTE.) Hèlas ! oui : du-moins, je l'augure de vos ſentimens.... Ah ! mon cher Prince ! ne me faites plus de queſtions ; c'eſt une grâce que je voudrais vous demander à genoux. (LE PRINCE) Non, mademoiselle, je ne vous en ferai plus ; non, de ma vie : vous êtes fauſſe, . . . fauſſe avec moi, Suſette! fauſſe avec un Amant... qui vous adorait; ... mais... qui va... (SUSETTE) N'achevez pas! . . . vous ſeriez injuſte; vous le ſeriez, & je ne m'en conſolerais jamais. . . Mon cher Prince! . . vous me connaîtrez un-jour.... Non, je ne mérite pas de perdre un ſeul degré de votre eſtime... & ſi . . . . .

Elle prononçait le dernier mot qu'on vient de lire, & peut-être le ſecret alait ſ'échapper, lorſque le Gouverneur rentra, ſuivi d'un Notaire & de madame Monclar. —Signez, mademoiselle, (dit-il à Susette); c'eſt le contrat dont vous parlait ma Lettre. (*Il en avait réellement écrit une autre que celle qu'on a lue.*) M.[r] le D··· d······· vous prie d'être persuadée que vous l'obligez, en acceptant cette marque légère de l'estime & de la reconnaissance qu'il vous doit—. Susette, par l'ordre de sa Mère, signa l'acte: & le jeune Prince, que tout ce qu'il voyait confirma dans les idées qu'on avait cherché à lui donner, se retira pour cacher son chagrin.

Lorsqu'il fut parti, le Gouverneur dit à Susette: —Vous ne voulez donc pas, mademoiselle, répondre à la confiance dont vous honore un grand Prince, & dont il vous donne des preuves, par ce contrat, qui vous rend propriétaire d'une terre de dix-mille livres de revenu, acquise en votre nom ? Et cependant, qu'exige-t-on de vous ? Ce n'eſt pas le ſacrifice de votre vertu ; M.[r] le D··· d······· ſouhaite que vous la conſerviez autant qu'il vous ſera poſſible : il ne ſ'agit que d'une opinion momentanée, dont on vous a découvert les motifs ; un rien ; une choſe dont tout autre Femme ſe ferait un amusement... —*Un amusement !* (intérompit Susette avec un ſoupir) le mépris d'un homme adoré ; d'un Prince... ah-dieu ! quel horrible amusement ! & ſans-doute, monſieur, vous ne penſez pas ce que vous me dites ? (LE GOUVERNEUR) Je le penſe ; mais je n'en admire pas moins cette adorable délicateſſe :

je fais plûs ; je me fonde ſur elle, pour eſpérer que vous remplirez les vœux d'un Père illuſtre, qui veut rendre ſon Fils unique bon père & bon mari. Conſidérez-vous, mademoiselle, comme la dépositaire du bonheur d'une jeune Princeſſe, dont on vous promet l'eſtime, pour vous dédomager de celle que vous perdez aujourd'hui. (SUSETTE) Je ſuis ſenſible à ce que vous me promettez ; mais que ce bien précieux m'eſt vendu chèr ! (LE GOUVERNEUR.) Il en ſera mieux mérité, plus glorieusement & plus ſûrement conſervé—.

C'eſt ainſi qu'on employait tous les moyens imaginables, pour empêcher que Susette ne démentît l'idée qu'on voulait que ſon Amant eût d'elle. En connaiſſant mieux le caractère de cette Jeune-Perſonne, dont le Gouverneur avait fait un tableau fidèle, le Prince en eſpéra plûs qu'il ne ſ'en était d'abord promis; il entrevit qu'il pouvait conſerver pur le cœur de ſon Fils juſqu'à ſon mariage; qu'accoutumé à vivre honnnêtement avec une Fille qu'il ne croirait pas tout-à-fait honnête, il ne prendrait point du Sexe cette opinion aviliſſante qui perd les mœurs de tous nos Jeune-genſ, & qui les rend des Libertins ſans pudeur, parce qu'ils ſ'imaginent que les Femmes n'en ont plus.

Mais l'aimable Susette n'en

ſouffrait pas moins : que peuvent tous les dédommagemens ſur le cœur d'une Amante ! c'eſt de ſon Amant qu'elle veut être eſtimée ; c'eſt lui ſeul qui l'aurait conſolée du mépris de tout l'univers, ſ'il avait falu ſ'y exposer, pour être honorée, conſidérée de ſon Amant lui-ſeul. Auſſi, dans les entretiens qu'elle avait avec le jeune Prince, Susette ſ'exprimait-elle toujours d'une manière ambigüe & capable de l'éclairer, ſ'il avait pu ſe douter de la tromperie qu'on lui fesait. Ces mots échappés, ne ſatiſfesaient pas Susette à-la-vérité, mais ils amusaient ſon chagrin, & ſuſpendaient ſa douleur.

Je me hâte de dire, que deux

années s'écoulèrent dans cette incomode situation. Susette avait été mille fois sur-le-point de se justifier ; le Gouverneur était toujours survenu à-propos pour en empêcher. Il faut dire encore (ce que sans-doute on aura pensé) qu'un jeune Amant n'est pas de marbre ; que le Prince avait souvent dérobé de petites faveurs, & tâché de s'en procurer de plus grandes. Il est même à présumer que peut-être Susette aurait succombé, sans l'idée défavorable qu'on avait donné d'elle à son Amant. Mais la crainte de l'y confirmer la retint si puissament, qu'elle n'accorda jamais volontairement les moindres bagatelles.

L'aimable Susette ne méritait

pas le ſupplice auquel elle était condannée ; il va ceſſer ; & l'on n'aura pas même à lui reprocher qu'elle ait mañqué à ſes promeſſes. Un-jour le Prince avait été longtemps avec elle ; il venait d'être plus entreprenant qu'à l'ordinaire, & Susette ſ'était vue obligée de ſonner : une des Filles-de-boutique ſe fit entendre : le jeune Amant déconcerté, la quitta ſur-le-champ, en lui disant : —Non, vous ne m'avez jamais aimé : vous êtes une ingrate, une inſenſible, qui peut-être regrettez ... mon indigne Rival—.

Il ſortit, ſans faire attention à la pâleur de Susette, pour qui cet injuſte reproche était un coup-de-poignard. Mais il n'ala pas loin ; le repentir & l'amour le ramenèrent aux piéds de ſon Amante. Susette ſ'était évanouie; ſa Mère, & la Fille-de-boutique étaient occupées autour d'elle ; de-ſorte que le Prince ne rencontra perſonne pour l'annoncer. Il ſ'avançait timidement, comme un coupable, qui vient d'outrager ce qu'il aime plûſque ſa vie. Susette commençait à revenir à elle-même, lorſqu'il fut auprès de la porte de ſa chambre. Il entendit qu'on ſ'informait des causes de ſon accident. La Jeuneperſonne ne les déguisa pas. Qu'on imagine la confusion du Prince ! Mais ce n'était rien encore, & ce qu'on va lire devait bien exciter d'autres mouvemens.

Susette

Susette ſoupirait profondément. —Ah maman ! (dit cette aimable Fille) ſi vous ſaviez tout ! (LA MÈRE) Calme toi, ma chère enfant ! . . . Eh-bien, il faudra tout pardonner : je conçois que la ſéduction était trop forte, & le tort eſt de mon côté. (SUSETTE) Je n'ai rien à me reprocher, ni au Prince ; & c'eſt-là ce qui me le rend ſi chèr. (LA MÈRE). Et quel eſt donc ce ſecret ? (SUSETTE.) M. De *** (*c'eſt le nom du Gouverneur*) a voulu ... il a voulu, maman ... Je ne trouve pas d'expreſſion pour vous rendre cela. (LA MÈRE) Ah Ciel ! ... Je t'entens, ma fille : ce Miſérable abusait... [Le jeune Prince, qui donna dans la même erreur que la Mère de Susette, jura tout-bas de poignarder son infame Gouverneur]. (SUSETTE) Il agissait par les ordres de M.r le D··· d·······. (LA MÈRE) Quoi! ce Prince lui-même a toléré cette infamie!... Et toi, ma fille, as-tu pu consentir... (SUSETTE) Il le falait, ou renoncer... à tout ce que j'aime. (LA MÊRE) Je ne conçois rien à tes sentimens! tu l'aimes, & tu le trahissais! (SUSETTE) Je *le trahissais!* Ah! si vous saviez tout ce qu'on m'a dit! [*Susette détailla ce qu'on a vu plus haut des vues de* M.r *le D··· d·······*]. (LA MÊRE) Je ne sais où j'en suis! Mais ce qui me console, c'est que le Gouverneur du Prince n'a rien fait contre les loix de l'honnêteté? (SUSETTE) Ah! mondieu, maman, aviez-vous donc cette penſée-là! (LA MÊRE) Il eſt vrai, ma chère fille, que je dois te connaître... Quelle étrange condition!... Je conçois à-préſent, ma Suſette, combien le reproche que le Prince vient de te faire, a du t'être ſenſible—!

Cette converſation fut intérompue par l'Amant de Suſette, qui vint ſe jeter aux genoux de cette aimable Fille: —Je ſais donc tout enfin, & voila mes ſoupçons confirmés!... O ma Suſette! chèr & vertueux Objet du plus tendre attachement, je puis donc laiſſer un plein eſſor à tous mes ſentimens pour vous!

oui, vous êtes tendre, ſincère, la vertu même, & la générosité! Susette immolait à mon bonheur, ce qu'elle préfère à la vie! comment reconnaître tant d'obligations! . . . (SUSETTE). Mon Prince! mon chèr Prince! votre cœur va vous le dire ſans-doute. (LE PRINCE) Oui, il me le dit; je lis dans vos yeux, que celle qui ſacrifiait tout à ma félicité, la desire, plûſque toute chose: je le vois, je le ſens trop, Susette desire qu'avec la connaiſſance du ſecret que je viens de découvrir, je faſſe de moi-même, de mon plein-gré, ce qu'on prétendait obtenir par l'adreſſe. Susette veut que je rempliſſe les vues d'un Père tendre & complaisant. (SUSETTE) Ah! nos cœurs ſont bien d'intelligence ! vous m'avez devinée. (LE PRINCE) Ma Susette ! dans nos entretiens, je me plaisais quelquefois à faire des épreuves de cette intelligence ſecrette de nos cœurs. Je penſais quelque chose ; je vous intérogeais ; & votre penſée était la même... Ah ! pourquoi ma condition, ou la vôtre,.... (LA MÈRE) Eh-bien, ma Fille, voila tes chagrins paſſés ? (SUSETTE) Je ne forme plus qu'un vœu : mon Prince connaît mon cœur ; il ne ſoupçonnera plus mes motifs. . . (LE PRINCE) Eh ! quel eſt-il ce vœu ? Je jure de le remplir. (SUSETTE) Je voudrais que nous alaſſions enſemble, ſur-le-champ,

& avant le retour de votre Gouverneur, trouver M.[r] le D··· d·······, pour lui dire nos résolutions ; & moi, en particulier, pour lui demander une grâce—.

Susette avait à-peine achevé, que le jeune Prince lui présenta la main pour ſortir : mais ils trouvèrent le Gouverneur dans la voiture. Le Prince eut la petite malice de ne lui rien dire ; de-ſorte, qu'ils entrèrent tous-trois dans l'appartement de M.[r] le D··· d·······, ſans qu'il ſût un mot de ce qui alait ſe paſſer.

Dès que Susette aperçut ſe Père de ſon Amant, elle pria le jeune Prince de parler. Il le fit, en racontant comment il venait de tout apprendre ; il remercia ſon Père, en l'embraſſant & lui jurant une ſoumiſſion à toute épreuve. Enſuite il dit à Susette d'achever. Lorſqu'elle eut commencé de parler, M.[r] le D... d....... lui prit la main, & l'écouta d'un air careſſant.

« Monſeigneur (lui dit-elle) le Prince votre Fils vous reſſemble; il a l'âme trop relevée & trop belle, pour qu'il faille l'amener à ſon devoir en le trompant; il aura le mérite d'avoir rempli de lui-même vos vues: & moi, monſeigneur, celui d'y contribuer un-peu. Mais j'ôse vous demander une grâce; c'eſt de me marier avec quî vous jugerez à-propos, quelque temps avant le Prince, & de m'aſſurer ici que je ferai la feconde mère de l'Enfant que lui donnera la Princeffe fon époufe ». Le jeune Amant, qui fentit toute la délicateffe du procédé de Sufette, & tout ce qu'il avait d'obligeant pour lui, vint l'embraffer avec attendriffement. M.[r] le D··· d······· lui-même admira cet effet de l'amour dans une âme honnête autant que fenfible, & lui promit tout ce qu'elle voulut. Depuis ce moment, il la combla de bienfaits.

Le jeune Prince, de fon côté, crut devoir f'interdire jufqu'aux vifites trop fréquentes. Le D··· d······· a déja propofé plufieurs Partis à Sufette, qui les aurait pris avec indifférence, fi le jeune Prince ne f'y était pas oppofé : il il voulait qu'elle fût heureuse, & jura qu'il ne ſouffrirait pas qu'elle lui fît un auſſi grand ſacrifice que celui de ſon goût & de ſa perſonne. L'on n'inſiſta pas trop, parce que le temps de le marier lui-même n'était pas encore arrivé.

Voila ce qu'était Susette : deux mots termineront ſon Hiſtoire, à la fin de la *Seconde Partie* de cet Ouvrage.

Malgré tout ce qui venait de ſe paſſer avec la-Bonnichon, la-Martin, & la Demoiselle qui ſe disait amie de la Mère de Marion, d'Azinval ne jugea pas à-propos de ſ'ouvrir à l'Orfeline ſur les éclairciſſemens qu'il attendait ; il voulait ſavoir auparavant, ſ'ils étaient de nature à lui pouvoir être communiqués.

Le lendemain, au premier moment où il fut libre, D'Azinval ſe rendit chés la pauvre Demoiselle qui devait l'inſtruire ſur l'origine de Marion. Il la trouva malade & dans ſon lit. Le ſouvenir de ſes malheurs & de ceux de ſon Amie, que la rencontre de LA-Martin venait de renouveler; les nouvelles ineſpérées qu'on lui donnait de Marion, tant de choses inattendues avaient fait ſur elle une impreſſion trop vive pour n'être pas dangereuse. Durant la nuit, une fièvre ardente ſ'était alumée, & menaçait de conſumer le reſte de ſes forces.

Elle était extrêmement affaiblie, lorſque D'Azinval fut auprès d'elle. L'état où il la vit l'effraya : il envoya chercher des cordiaux ; il lui donna une Garde, & tous les ſecours que ſa ſituation exigeait. Il dit enſuite à la Malade, qu'il reviendrait le jour ſuivant, pour le récit qu'elle devait lui faire. —Non, monſieur, répondit-elle ; ne remettons pas : ce que je viens de prendre m'a fortifiée ; & d'ailleurs, qui ſait ſi nous pourrons diſposer du jour de demain— ? Elle le pria de ſ'aſſeoir à côté de ſon lit, & commença de la ſorte :

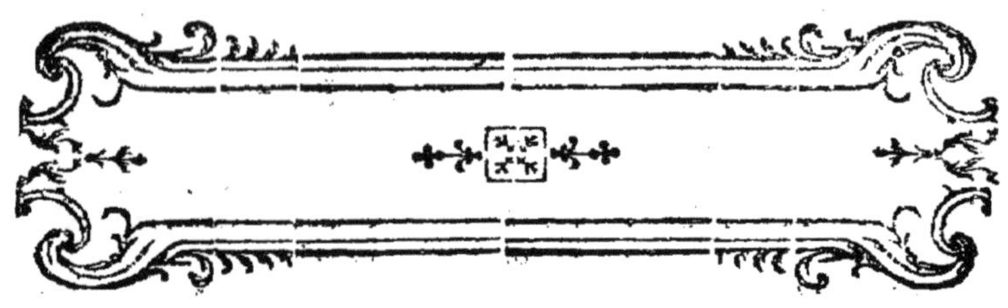

HISTOIRE
DE LA MÈRE
DE MARION.

« PERSONNE au monde ne m'intéresse autant que cette Enfant, qu'il semble que j'avais abandonnée à la merci de la Nourrice qui vous accompagnait hièr, monsieur ; & le plus doux, ou plutôt le seul desir que je sois capable de former en ce moment, serait de la voir & de l'embrasser.

[*D'Azinval, à quî ces mots persuadèrent qu'elle alait s'avouer mère de Marion, la pria de suf-*

pendre un moment ſon récit ; ſe leva ; écrivit un mot, & le fit porter par la Garde à ſon adreſſe. La Malade penſa qu'il ſ'était rappelé quelqu'affaire preſſée : elle continua, dès qu'il ſe fut rapproché d'elle].

» Un attachement unique a fait le bonheur & le poison de ma vie. J'aimai, mille-fois plûſ-que moi-même, une jeune Compagne que j'avais vu naître, & qui avait été élevée par ma Mère, après qu'elle eut perdu la ſienne. Son amitié pour moi ne fut ni moins ſincère, ni moins tendre. Je puis vous la nommer ; les raisons qui l'obligèrent durant longtemps à cacher ſon véritable nom, n'exiſtent plus aujourd'hui :

ceux qui l'ont desesſpérée , ne la pourſuivront pas au delà du tombeau , où elle eſt deſcendue victime de leur haîne : & le Cruel qui la trompa , la trahit , l'abandonna , n'a plus de pouvoir ſur elle.

» On l'appelait *Laurence S***. Elle était fille d'un Marchand Orfèvre , que l'injuſte animosité d'un Officier public alait conduire ſur l'échafaud , après l'avoir ruiné , ſ'il n'avait trouvé moyen de ſ'échapper de la priſon. Ses malheurs ont fait du bruit : vous ſavez de quelle manière le hasard lui procura les moyens de ſortir des cachots où il languiſſait. Mais durant ſa fuite , ſon nom était un opprobre ; ſa Fille n'ôsa le porter : par mon conſeil, elle en prit un autre, ſous lequel je la préſentai dans mes Connaiſſances. Cette Jeune-perſonne, élevée dans l'aisance, accoutumée à être fêtée, ſervie, alait être réduite à la néceſſité bien dure de travailler pour vivre, ſans l'amitié qui nous uniſſait, & qui rendit commun à toutes-deux ce que je poſſédais.

» Malgré l'horrible tempête qui venait de renverſer la fortune de ma chère Laurence, nous vivions tranquiles. Si mon Amie pleurait, je partageais ſa douleur, & la rendais moins amère. Lorſqu'elle recevait des Lettres de ſon infortuné Père, il était convenu que je les ouvrirais ſeule, & qu'elle ſouffrirait que j'adoucîſſe tout ce qui pourrait ſ'y trouver de trop affligeant. J'avais enſuite l'adreſſe de faire diſparaître ces Lettres, afin qu'elle ne les vît pas. Il ne manquait donc à notre ſatiſfaction, que de ſavoir M. S** en ſureté, & dans une ſituation ſupportable.

» Nous ne tardames pas à recevoir cette favorable nouvelle : d'honnêtes-genſ, convaincus de ſon innocence, lui donnèrent un asile. Il conçut dans le même temps l'eſpoir de ſe juſtifier. Je courus, avec des tranſports que je ne puis vous rendre, porter à mon Amie la Lettre qui contenait ces heureux détails. Elle avait une âme ſi ſenſible, qu'elle fut longtemps dans mes bras, ſans pouvoir exprimer autrement ſa joie que par des mots entrecoupés, & les plus vives careſſes.

„ Depuis ce jour-là, je commençai à goûter d'innocens plaisirs, que je m'étais refusés depùis le malheur de M.lle S**. Quelques-unes des mes Connaiſſances nous invitèrent durant le Carnaval, à prendre part à leurs divertiſſemens. Je preſſai Laurence de m'y accompagner ; elle me refusait : je lui dis que je m'en priverais plutôt que de la laiſſer ſeule ; elle ſ'ébranla, & je l'entraînai.

„ Pouvais-je prévoir que je ſerais la première cause de ſon malheur ? Mon Amie était d'une beauté accomplie; elle parut dans l'assemblée sous le nom supposé qu'elle avait pris en venant demeurer avec moi : tous les yeux se fixèrent sur elle ; toutes les attentions furent pour elle. Bien-loin d'être jalouse de la préférence, je m'applaudissais de son triomphe; je le sentais mieux qu'elle-même ; car l'aimable Laurence n'en devint que plus modeste, plus réservée avec les hommes ; plus polie, plus prévenante à l'égard des autres femmes ; & par-là, elle sut gagner tous les cœurs.

» La présence de mon Amie, les éloges qu'on prodiguait à ses charmes, à son caractère, me fesaient goûter le plaisir le plus doux que j'eusse encore éprouvé, lorſqu'une compagnie de Maſques ſe présenta. Tout le monde fut d'avis de leur accorder la permiſſion d'entrer, qu'ils nous fesaient demander. L'on n'eut pas lieu de ſ'en repentir; il ſe conduisirent avec une politeſſe & des égards, qui furent réciproques. Mais je remarquai, non ſans inquiétude, que l'un d'entr'eux, parfaitement bienfait, n'abandonna pas Laurence, durant tout le temps qu'ils reſtèrent. Ce fut avec elle qu'il danſa. Je ne ſais pas ſi, par un effet de cette ſimpathie, dont je n'avais encore vu les coups extraordinaires que dans les Romans, mon Amie, ſans le connaître, était déja touchée pour lui ; mais elle déploya plûs de grâces qu'elle n'avait encore fait. Pour le Jeune-homme, ses mouvemens passionnés frappèrent tout le monde ; & je crois qu'à l'exception de moi-seule, il n'y eut personne qui ne pensât que cette compagnie était venue pour Laurence, dont on s'imagina que ce Masque si bienfait était l'Amant.

[*D'Azinval, que ce récit intéressait, fit un geste d'étonnement que la bonne Demoiselle remarqua sans-doute. Mais elle ne crut pas devoir s'intérompre ; elle continua.*]

» Lorsqu'ils sortirent, j'étudiai les regards de ma jeune Compagne : ils suivaient l'Inconnu ; qui ſ'étant retourné, ſurprit les yeux de Laurence attachés ſur lui : je m'aperçus, qu'il ne pouvait diſſimuler ſa joie : les marques qu'il en donna n'échappèrent pas non-plûs à mon Amie, & la firent rougir. Après le départ des Maſques, Laurence devint rêveuse. Je lui en fis la guerre : elle ſe défendit, en me disant qu'il était tard ; qu'elle ſe ſentait fatiguée, & que le ſommeil la gagnait. Je la crus, & comme je craignais qu'une trop longue veille ne dérangeât ſa ſanté, nous nous retirames.

» Quinze jours ſ'écoulèrent ſans que je remarquaſſe un changement ſenſible dans l'humeur de Laurence. J'avais ſeulement obſervé, qu'elle avait été plusieurs fois ſeule à la meſſe : auparavant, elle ne ſortait jamais ſans moi. J'attribuai au temps de pénitence où nous venions d'entrer, ce renouvellement de ferveur. Mais bientôt je lui trouvai des diſtractions frappantes. Ce n'était rien encore.

» Les fêtes de Pâques arrivèrent ; il fit très-beau, & nous alames avec quelques-unes de nos Amies, nous promener au Bois de Boulogne. Quoique ce fût Laurence qui eût indiqué cet endroit, elle avait paru ſérieuse, durant le chemin, ou plutôt elle était triſte ; & dès que nous y fumes arrivées, je lus dans ſes yeux, qu'elle cherchait à être ſeule: elle ſ'écarta, comme ſans deſſein. On voulait la ſuivre ; je me doutai que je ferais plaisir d'en empêcher ; & je retins les Indiſcrettes. Nous la perdimes de vue environ un quart-d'heure. Mais lorſqu'elle revint nous joindre elle était toute différente d'elle-même ; la joie brillait dans ſes regards. Elle ſaisit le premier moment où je me trouvai ſeule auprès d'elle, pour m'embraſſer avec véhémence : —Ah mon Amie (me dit-elle), que ne ſommes-nous ſans témoins ! je te ferais une confidence que je ne croyais pas qui me dût être jamais permiſe—. On intérompit Laurence, en ſ'approchant de nous. Mais le reſte du temps que dura notre promenade, mon Amie fut d'un enjoûment qui nous charma. L'affection qu'on avait pour elle, l'intérêt qu'elle inſpirait à toutes celles qui nous voyaient, ſ'en accrurent, & l'on me félicita ſur mon bonheur de vivre avec une ſi charmante Compagne.

» A notre retour, j'avais une extrême impatience de me trouver libre. Ce ne fut pas ſitôt : on prolongea le ſouper fort avant dans la nuit, & deux heures ſonnaient, lorſqu'on nous ramena chés nous. Laurence, qui n'était pas accoutumée aux veilles, ſe mit au lit en arrivant, & je me gardai bien de lui demander un éclairciſſement qui eût retardé ſon repos. Je l'imitai. Il était près de dix heures, le lendemain, lorſque

lorſque je m'éveillai. Je me hâtai de m'habiller, & je paſſai dans la chambre de mon Amie, ne doutant pas qu'elle ne m'attendît impatiement pour me faire la confidence dont elle m'avait parlé. Une Femme qui nous ſervait, me dit que Laurence était ſortie il y avait plus de deux heures. Tant de vigilance m'étonna de la part d'une Jeune-perſonne qui aimait beaucoup le ſommeil; mais je n'en témoignai rien. Tandis que je fesais cette réflexion, mon Amie parut. Je ne lui trouvai plus cet air ouvert & cet empreſſement à m'entretenir qu'elle m'avait montré la veille. Je l'aimais pour elle-même: j'attendis qu'elle ſ'ouvrît; mais ce fut envain. J'avouerai que ſa réserve me peina : non parce qu'une vaine curiosité ne ſe trouvait pas ſatiſfaite ; mais parce que je la chériſſais ; que le moindre refroidiſſement de ſa part m'aurait été trop ſenſible , & que je voyais qu'elle ſemblait craindre de répandre ſon cœur dans le mien.

» Je continuai comme auparavant à lui donner des marques de la plus vive amitié. Elle y répondait. J'aurais eu ſujet d'être contente de ſes ſentimens à mon égard , ſans l'ouverture qu'elle avait entamée , & qu'elle ne paraiſſait plus diſposée à m'achever. C'était une injure à notre intimité qui m'était bien ſenſible , & que cependant je m'efforçais de juſtifier.

» Le hasard, en dépit d'elle, & malgré moi, me mit dans sa confidence. Deux jours après celui-ci, Laurence était sortie précipitament à mon insu de très-bonne-heure : je l'ignorais, & quand j'entrai dans sa chambre pour l'embrasser, j'aperçus à terre un papier roulé : je l'ouvris sans dessein. Quel fut mon étonnement! .... Vous en alez juger vous-même par ce qu'il contenait :

» *Nous, soussignés, promettons devant Dieu, & dans notre conscience, de nous prendre pour mari & femme, dès que les circonstances nous le permettrons : nous prions le souverain Maître de toutes choses d'accabler de sa colère celui de nous-deux qui violera cette promesse sacrée, qu'aucun pouvoir humain, aucune cause, aucun motif, quels qu'ils soient, ne pourront invalider, , & qui devient obligatoire, sur notre honneur & notre salut éternel.*

» *En conséquence, moi* Augustin-Armand........ *je m'engage dès aujourd'hui, à ne vivre que pour* Marie Guisland, *que je regarde comme mon Épouse, & la compagne de mon sort à jamais.*

signé *Augustin-Armand.*

» *Et moi* Marie Guisland, *je m'engage pareillement à considérer toute ma vie comme l'Époux auquel je me suis donnée, comme mon Maître & mon unique Ami, Augustin-Armand........ Je consens qu'il jouisse dès ce moment des droits attachés à ce titre saint, que mon cœur lui accorde en secret; en attendant que je puisse l'avouer à la face des autels, & que le Ministre sacré reçoive & confirme nos sermens.*

signé *Marie Guisland.*

» Les dernières lignes étaient écrites de la main de Laurence, qui s'y servait de son nom supposé. Je fus anéantie, en achevant la lecture de ce fatal écrit: ces mots sur-tout, *Je consens qu'il jouisse dès ce moment des droits attachés à ce titre saint;*

ces mots (dis-je) me causèrent les plus vives inquiétudes. —Imprudente Amie ! (m'écriai-je, en remettant le papier comme je l'avais trouvé), l'on vous aura séduite, trompée : de vous-même, vous aliez m'ouvrir votre cœur ; un Séducteur a su l'empêcher ; ses insidieuses promesses auront retenu l'aveu prêt à vous échapper. Ah ! ma Laurence.... ma chère Laurence— !.... Et je pleurais.

» Elle rentra dans le même moment, cette Victime infortunée de la perfidie du plus Ingrat de tous les hommes. J'avais cru son amitié pour moi diminuée : l'effroi que lui causèrent mes larmes, son inquiétude, ses caresses me prouvèrent que „ malgré sa réserve, elle était toujours aussi tendre. Je ne fis pas d'abord attention à quelque petit desordre dans sa parure, & à d'autres marques empreintes sur sa personne : son haleine était de flâme, ses mains étaient brûlantes. Après m'être remise, je remarquai tout cela ; mes larmes recommencèrent avec plus d'amertume qu'auparavant. —Hélas ! (me disais-je en moi-même), c'en est fait ; ma jeune Amie est perdue : on a terni la pureté de cette âme innocente : un Scélérat (peut-être) vient de triompher de son inexpérience & de sa jeunesse—... Peu s'en falut que cette idée ne m'arrachât des cris.

» Interdite, éperdue, Laurence employait à me consoler

ces manières careſſantes auxquelles on ne pouvait réſiſter. —Qu'eſt-il donc arrivé, mon aimable Dosier (me disait elle)? Quelque nouveau malheur cause-t-il l'état où je te vois! Tu m'effraies, tu nâvres mon cœur—. J'alais répondre: *Laurence, vous le connaiſſez*; je me retins, & je me dis à moi-même: —L'amitié ſerait-elle donc une tyrannie? laiſſons à la cruelle Laurence le ſecret qu'il lui plaît de garder: aimons-la, chériſſons-la, mais ne l'intérogeons pas—... Mon parti pris de la ſorte, je me contentai de lui dire, en l'embraſſant: —Mon Amie, te ſuis-je toujours chère? Ma Laurence.... un inſtant avant que tu rentraſſes, j'ai j'ai cru te voir dans les plus grand danger. —Sans-doute un ſonge... —Ah ! mon Amie, j'en mourrais, ſi c'était une réalité. Mes ſenſ ſont encore ſi vivement émus, que ta préſence même peut à-peine me raſſurer—. Laurence me regarda, dans ce moment, d'un air d'indéciſion & de ſurpriſe : je vis l'inſtant où j'alais peut-être lire dans ſon cœur. Quelqu'un entra : je reçus cette viſite dans ſa chambre ; & je fus témoin du trouble que Laurence ne put cacher ; lorſqu'elle aperçut à terre le papier roulé que j'avais lu. Ma jeune Amie la ramaſſa ; diſparut auſſitôt, apparemment pour ſ'aſſurer de ce que c'était, ou depeur que je ne le lui vîsse serrer. Elle revint ensuite auprès de nous, avec un air plus serein.

» Nous ne tardames pas à nous trouver seules; mais le moment de la confiance était passé : Laurence m'entretint de toute autre chose que de ce que je desirais ardemment de savoir, & qu'il lui importait tant à elle-même de me découvrir. Cependant, hèlas ! était-il temps encore de lui faire éviter sa perte ?....

» Nous reçumes ce jour-là des nouvelles de son Père. Il nous apprenait, qu'il se disposait à repasser en France, pour travailler à sa justification, sur l'avis que ses Amis venaient de lui donner, qu'un des Malheureux qui déposèrent fauſſement contre lui, était détenu en priſon pour d'autres forfaits, qui devaient le conduire au gibet. Il eſpérait que dans ces momens terribles, où l'homme touche à ſa deſtruction, ce Coupable avouerait tous ſes crimes, & le juſtifierait. La joie que devait naturellement montrer, à cette nouvelle, une Fille auſſi bien élevée, auſſi raiſonnable, auſſi tendre que Laurence, ne pouvait me ſurprendre : cependant ſes tranſports furent ſi vifs, elle y mit tant d'emportement, que je ne pus me défendre d'y voir un autre motif, après ſon attachement pour ſon Père : je pénétrai juſqu'au fond de ſon cœur, & je trouvai, dans l'amour qu'elle reſſentait, une ſeconde cauſe de cet excès d'allégreſſe.

„ Hèlas ! elle fut bientôt ſuivie de la plus amère douleur. Quelques jours après celui dont je viens de vous parler, je vis, en me levant, rentrer mon Amie, triſte, les yeux humides, le cœur gros de ſoupirs. Je courus à elle : je tâchai d'exciter ſa confiance par les témoignages de l'intérêt le plus tendre. Elle ſe remit un peu. Dans la journée, elle écrivit deux Lettres, qu'elle-même fit porter, & dont je ne vis pas la ſuſcription. Elle ne reçut les réponſes que le lendemain matin. J'étais préſente. Laurence les avait attendues avec tant d'inquiétude, qu'elle n'avait pas fermé l'œil durant la nuit. Elle m'en remit une, & brisa le cachet de l'autre en tremblant. Elle me regarda, & me dit : *Voila mon arrét.* Je friſſonnai.

» Dès la premiére ligne, Laurence jeta un cri, laiſſa tomber la Lettre, & ſ'évanouit. J'étais plus morte que vive : cependant les ſecours que je lui donnai la rappelèrent à la vie. Durant plus d'une heure, Laurence pouſſa de lôngs ſoupirs, & ne me dit pas un mot. Enfin elle me fit ſigne de lire le funeſte écrit qui venait de lui causer une révolution ſi terrible. Je l'ai toujours conſervé ; le voici :

» Je ne ſais comment vous avez ôsé vous familiariser avec mon Fils : étant ce que vous êtes, le vil panchant au libertinage a pu ſeul vous guider. Mais que dis-je ! la ſource du ſang qui coule dans vos veines eſt impure, & vous n'en démentez pas la baſſeſſe. Mon Fils va de lui-même reconnaître ſa faute. C'eſt pour jamais qu'ils va ſ'éloigner d'une Fille, moins dangereuse par quelque beauté, que par un eſprit intriguant, & fourbe. Oubliez-le, quelque ſujet que vous prétendiez avoir de vous en ſouvenir : ni ſa famille ni lui ne ſeront vos dupes. C'eſt vous en dire aſſés

» Ce Billet n'était pas ſigné. L'autre contenait quelques détails de plûs : je l'ai mis avec le premier :

» *Nous ſommes perdues toutes-deux, mademoiselle* (écrivait-on); *& la Mère de votre Mari a découvert votre commerce, je ne ſais comment; mais tant y a, que cette terrible Femme ſ'eſt mise dans une ſi furieuse colère, que le Père de Monſieur, pour l'appaiser, a promis de faire mettre ſon Fils entre quatre murailles. Mais oui, il y était, & c'était bien-là ce qu'elle voulait! Elle a prétendu que, vu Dieu vu le diable, il falait que Monſieur ſe mariât avec une Demoiselle.... Clopin.... Cloporte.... Clopinet; oui, c'eſt Clopinet. Et on dit que Monſieur n'a pas voulu en entendre parler. Et ſa Mère a juré qu'elle l'envoyerait à Miſſipipi, à Canada, je ne ſais où. Et on a* cru dans la maison que c'était une menace en l'air : mais non par-la-mardi : car cette nuit on est venu l'enlever ; & on dit qu'on l'a emballé dans une chaise, que des Habillés-de-bleu étaient tout-à-l'entour, & que quand on l'a fait partir, ils ont dit, De par le Roi. C'est bien triste pour lui & pour vous. Et quant à moi, on m'a terriblement mal-menée : & la Mère de Monsieur m'a mandée, & m'a traitée comme la dernière des misérables. Et dès que j'ai pu m'évader, je n'ai pas demandé mon reste ; & je n'ôse retourner chés moi ; car je crois avoir entendu, qu'elle parlait de me faire renfermer : elle a les bras longs : & puis, qui songerait à moi, quand je serais claquemurée? je ne veux pas seule-

ment vous aler voir, crainte qu'elle n'en ait vent : cette femme-là ſait tout, voyez-vous, mademoiselle. Je vous conſeille de vous cacher auſſi ; car elle pourrait bien vous garder un plat de ſon metier.

J'ai l'honneur d'être, mademoiselle, Votre très-humble ſervante femme BONNICHON.

» Ces deux Billets étaient datés de la veille : mon Amie ne vit que le premier ; je lui dérobai la connaiſſance du ſecond, pour ne pas accroître ſon malheur, dont il ne contenait que la confirmation.

» Durant trois mois entiers, je n'ôsai compter ſur la vie de ma chère Compagne. Il ne lui échappait que des gémiſſemens. Son âme abîmée dans le desespoir, paraissait anéantie. Enfin cet état violent cessa ; Laurence se trouva mieux : non que sa douleur fût affaiblie, mais elle était devenue plus tendre. Les sanglots, les déchiremens cruels firent place aux larmes. —O mon Père, disait-elle un-jour, on nous fait un crime de notre infortune, de ce qui devrait nous ouvrir tous les cœurs où l'humanité n'est pas éteinte—! Elle commença de paraître sensible à mon amitié ; & ce fut pour-lors qu'elle me découvrit tous ses secrets.

» Elle m'apprit, que le Jeune-homme masqué qui l'avait entretenue chés ma Parente, avait su la toucher, & qu'elle lui avait accordé des rendez-vous : Elle me dit, que le jour qu'elle s'écarta au bois de Boulogne, il lui avait juré de l'épouser, & que dès le lendemain, ils avaient fait une promesse réciproque, signée de tous-deux : Qu'il lui avait surtout recommandé de ne se donner aucune Confidente, comme de son côté, il ne s'ouvrirait à personne : Qu'entraînée par son panchant, vaincue par l'amour, elle avait consenti de former avec lui des nœuds secrets, & qu'elle n'avait point eu de réserve pour un Amant qui paraissait la préférer à lui-même : Que depuis ce moment, son Époux lui lui avait toujours paru plus tendre, jusqu'à la veille de son malheur, que cet homme aimé devint tout différent de lui-même : Que lui ayant demandé, ſ'il avait quelques chagrins, il n'avait répondu que par un ſoupir ; qu'alors elle l'avait conjuré de ne lui rien cacher, & l'avait preſſé de lui dire, ſ'il était menacé de quelque péril : Elle avait ajouté ſur le champ, voyant qu'il héſitait, que rien au monde ne pouvait la refroidir pour lui ; qu'il diſposât d'elle, qu'elle lui ſacrifierait ſon bonheur & ſa vie même, ſ'il l'exigeait : Qu'à ces tendres aſſurances d'un parfait dévoûment, il n'avait répondu que ces mots : *Je vous aime trop pour vous rien apprendre encore : je ſaurai tout ſurmonter ; & je me réserve de vous inſtruire après :* qu'enſuite ils ſ'étaient ſéparés : Que le lendemain matin, n'ayant pas trouvé ſon Époux à leur rendez-vous ordinaire, elle l'avait attendu longtemps ; que ne le voyant pas arriver, elle avait prié l'Hôteſſe d'aler ſ'informer de lui ; & que cette Femme, à ſon retour, lui avait rapporté, que les genſ de la maison ne l'avaient point vu. Laurence ajouta, qu'elle ſentit un accâblement qui la ſurprit ; qu'une voix ſecrette ſemblait ſ'élever du fond de ſon cœur, & lui crier qu'elle ne reverrait jamais celui qu'elle aimait : Qu'elle paſſa le reſte du jour dans une inquiétude ſi pénible, que pour en ſortir plutôt, elle avait écrit à la Femme chés laquelle ils se voyaient, & même à son Époux ; mais que la fatale Lettre que j'avais vue ne lui avait que trop appris qu'elle n'aimait qu'un Infidèle, qui la dédaignait, qui l'avait sacrifiée à l'orgueil d'une Mère injuste, après avoir tout obtenu.

» Voila ce que m'avoua Laurence, en versant un torrent de larmes ; en m'assurant que la réserve qui l'avait privée des secours & des avis d'une Amie éclairée, qui aurait vu pour elle & l'aurait garantie de bien des imprudences, n'avait eu pour principe que son respect & sa déférence pour les volontés de son Époux.

» Durant tout le temps que

Laurence fut presqu'à l'agonie, il ne m'était pas venu dans l'esprit de soupçonner d'autre cause du dérangement de sa santé, que sa douleur : mais lorsqu'elle fut convalescente, je m'aperçus qu'elle était enceinte.....

[—Elle était.... ô ciel ! (intérompit D'Azinval avec transport) !... Et ce fut dans cet état, qu'en proie à la douleur, sans espoir de consolation que de votre part... Quelle épreuve ! grand Dieu ! ....]

» Oui, monsieur (*reprit mademoiselle Dosier*) ; & ce fut un miracle, qu'un état aussi violent que celui par lequel Laurence venait de passer, n'ait pas été fatal au Fruit qu'elle portait dans ſon ſein. Je ne lui fis pas myſtère de ma découverte ; elle rougit, & pleura. Et moi, je n'eus jamais tant d'éloquence pour la conſoler.

„ —De quoi vous affligez-vous, mon aimable Laurence (lui diſais-je)? d'avoir un gage, qui peut-être un jour rappelera votre Amant? Qui ſait d'ailleurs ſ'il eſt véritablement infidèle—? Et tout de ſuite, je lui montrai la Lettre de LA-Bonnichon. Elle la lut : & me regardant enſuite : —Non, me dit-elle, ma chère Dosier, je ne m'abuse plus: cette Femme ſe ſera trompée: le ſilence de mon Époux me prouve ſa perfidie. Qui l'aurait empêché depuis ſi longtemps de m'informer

former de ſon ſort ; d'arracher le trait qui me déchire le cœur... Je ſuis trahie, abandonnée... je n'ai plus qu'à mourir. —Toi, mourir, ma Laurence ! ah ciel ! quand tu viens de contracter l'obligation de vivre, de veiller ſur une innocente Créature, de la protéger ! . . . Mon Amie ! ma fidelle, ma tendre Amie, tu m'étais bien chère; mais aujourd'hui, tu me le deviens doublement. Oh ! ma Laurence ! que nous l'aimerons toutes-deux ! . . . . Il me vient une penſée.... Tu ne le voudras pas ; . . . mais ſi ton Amant,... un-jour .... revenait, nous lui dirions la vérité. J'ai pour toujours renoncé au mariage ; ma ſanté ne me permet pas d'y ſonger ; & toi, jeune, charmante.... Tous les hommes ne ſont pas des perfides ; j'en connais dont tu ferais le bonheur.... Tu m'ês plus chère que tout au monde.... Alons à la campagne ; je m'y ferai connaître ſous un autre nom que le mien ; je. . . . Promets-moi de m'accorder une grâce. —Je te dois tout ; exige, ma Dosier (répondit Laurence) ; je t'en donne le droit pour toujours. —Hé-bien... En-vérité j'hésite, malgré cette aſſurance. . . . Ce ſera moi qui paſſerai. . . . Que dans le monde, on me croye la mère de ton enfant... Oh ! ne te rétracte pas, ma Laurence : je n'ai rien à ménager : quoi ? l'honneur ? donner la vie le ferait-il perdre ?... Mais ſupposons : c'eſt un ſacrifice que je te ferai : plûs il eſt grand, plûs il ſatiſfera mon cœur: tu ſauras combien je t'aime, en te rappelant que je t'ai immolé ce que j'ai de plus chèr, ce que je préfère à mon exiſtance—.....

„ Laurence était dans mes bras, elle me mouillait de ſes larmes, me couvrait de baisers ; & me preſſant contre ſon ſein : —Non, mon Amie (me disait-elle) ; ce ſerait te perdre, ſans me ſauver. Je renonce à tout, hors à ton amitié. L'Ingrat qui m'a rendue mère, me pardonnerait-il un jour d'avoir rougi de ce nom, qu'il me ſerait ſi doux de porter, ſi des nœuds . . . dont il ne m'eſt plus permis de me flater, ... dont ſa préſence ſeule me dédommagerait. . . .

» Je l'intérompis. — Que tu m'inſpires d'eſtime, chère Laurence! Oui, je t'approuve : laiſſons les femmes ſans mœurs trembler à ce nom reſpectable, dont elles ſont indignes : ne bravons pas les ſaintes loix de la ſociété ; mais lorſque nous ſommes trompées, évitons de tomber dans le mépris de nous-mêmes ; c'eſt un vent brûlant qui deſſèche l'âme ; un torrent qui creuse ſous nos pas l'abîme du deseſpoir ou du crime. Qui ôſerait penſer, qui l'ôſerait ſoutenir, que nous ſommes avilies par la ſeule choſe qui nous reſte pour nous mettre au rang des citoyennes ? Si toute femme qui ſe trouve dans les circonſſtances où je te vois, a droit de dire : *Peut-être cet Enfant que je ſens treſſaillir, ſera quelque jour le défenſeur & la gloire de ſa patrie; le ſoutien de l'Opprimé; un Juge équitable, un particulier bienſesant ; un Homme éclairé, dont les ouvrages exciteront ſes ſemblables à l'amour de la vertu ; une Fille charmante, dont la poſſeſſion attirera les vœux de tous les hommes, & fera la félicité du plus eſtimable ; qui deviendra mère-de-famille, un modèle de toutes les vertus* ? ſi, dis-je, toute Femme qui ſe tracera ces idées, ne peut être accusée de nourrir des chimères, la grossesse n'est donc, en aucun cas, un véritable malheur ? La position où se trouve une Fille, & le préjugé, peuvent seuls en faire rougir. Pour nous, mon aimable amie, qui vivons isolées, qui sommes libres & pouvons nous dérober à tous les yeux, nous n'en ressentirons que les douceurs, & n'éprouverons aucun des inconvéniens. Je te le répète; quittons Paris ; alons à la campagne : si malgré ces précautions, quelque chose transpire, je viens de te découvrir mes sentimens ; laisse-moi le blâme, & jouis des précieux avantages de la maternité—.

» C'est ainsi, monsieur, que

je consolais ma chère Laurence. Je la vis émue, pénétrée : & depuis ce moment d'épanchement & de confiance, elle ala toujours de mieux-en-mieux. Au-bout de huit jours, employés à nous munir de tout ce qui devait nous être nécessaire à la campagne, nous nous rendimes dans un village, où j'avais loué une petite maison, sous un nom supposé, par lequel je suis connue de la Nourrice de Marion, & nous y demeurames six mois.

» Tant que la grossesse de Laurence dura, je fus assez tranquile à son sujet : elle paraissait se prêter sans répugnance à tous les petits amusemens que je lui procurais. Et j'eus depuis lieu d'admirer , combien elle était raisonable, quel empire elle avait ſur elle-même , & combien elle craignait de préjudicier à cet Enfant qu'elle portait. Le coup mortel était frappé : elle ſ'efforçait d'en éloigner l'effet terrible. Elle répandait ſouvent des larmes ; mais c'était dans mon ſein , en me careſſant.

» Enfin le moment de ſes coûches , moment attendu de toutes-deux avec une égale impatience, arriva , . . trop-tôt pour moi. . . Son accouchement fut long & laborieux. Que de pleurs je verſai , avant qu'elle donnât le jour à une Fille auſſi belle que ſa Mère !

» Lorſqu'on vint la présenter à

mon

mon Amie, au-lieu des tendres caresſes que je m'attendais qu'elle alait lui prodiguer, elle fit un cri perçant, & la repouſſa. Il lui prit des mouvemens convulſifs. Ce ne fut qu'au-bout de quelques momens qu'elle la redemanda. Elle la conſidérait : —Oh ! ma chère Dosier ! (me dit-elle d'une voix éteinte), ſon Père . . . tout cruel qu'il eſt ! . . . pourrait-il la méconnaître !...,. Voi ces traits encore informes, à-peine ébauchés.... ce ſont les ſiens—!

» En achevant ces mots, elle prit ſa Fille, la preſſa contre ſon ſein, l'arrosa de ſes larmes ; & comme ſ'il eût été poſſible qu'elle en fût entendue, elle lui dit : —Ma Fille ! dis un jour à l'Ingrat qui m'a abandonnée, dis à ton Père (si jamais le Ciel permet que tu le voies), que je meurs en l'adorant. Oh! puisse-t-il, ma chère Enfant, réparer avec toi les torts qu'il eut envers ta Mère.... Qu'il fut coupable!... Et qu'il le serait bien davantage, si méconnue, délaissée, réduite à l'affreuse misère, sa Fille un-jour... O Dieu! peut-être qu'un-jour, son sang, sa Fille, tendant vers lui ses mains innocentes, pour en obtenir le pain de l'aumône, s'en verra rebutée!... Et le Ciel le souffrirait!... Dieu tout-puissant! retire auparavant dans ton sein une malheureuse Mère. . . . .

» Pardon, mon Amie (dit-elle en me regardant) : peut-être je te fais injure ; mais je ne l'ai pas voulu. Je ſais qu'en toi, je lui laiſſe une Mère tendre : cependant, emportée par un ſentiment dont je n'ai pas été maitreſſe, j'ai parlé comme malgré moi. Je croyais ; . . il m'a ſemblé que je voyais ma Fille, dans cet âge où l'on eſt trop faible encore pour ſe ſuffire à ſoi-même, traîner dans la honte & le mépris ſa jeuneſſe infortunée : ſon Père... Mais ! je le vois encore ! . . Il lui tend la main ! . . . Des monſtres hideux veulent l'éloigner de lui !.... Ah ! ma chère Fille ! ne le quitte pas !... c'eſt lui !... c'eſt ton Père !........... Enfin, il la reçoit dans ſes bras....... Atten-

dez-moi ! . . . . Un abîme ſe creuse entre nous ! . . . ils diſparaiſſent ! . . . .
Où ſuis-je ? . . . . Je m'égarais ! . . . Hèlas ! chère Dosier ! . . c'eſt le délire. . . Il le faut bien ; car je croyais le voir, . . tendre, ſenſible, tel qu'il fut autrefois, donner un asile à ſa Fille dans le ſein paternel—!

» Oh ! qui n'eût verſé des larmes ! quel eſt le cœur qui dans ce douloureux inſtant, n'eût pas été attendri ! . . . . Vous pleurez, monſieur, au ſeul récit que je vous fais : votre âme compâtiſſante ſ'intéreſſe à tous les Infortunés. Ah ! ſi vous l'euſſiez vue ! . . . ſi vous l'aviez connue, dans le temps où elle effaçait toutes les

Belles, & que vous l'euſſiez vue, la mort ſur les lèvres,.. égarée ;... cette affreuse image vous eût pénétré d'horreur & de pitié ! ....

» Ce fut moi qui tins l'Enfant ſur les fonts ſacrés de notre régénération : ſa Mère me pria de lui donner le nom ſupposé qu'elle portait ; ainſi nous la nommames *Marie*. Lorſque nous fumes de retour, Laurence ſe trouva fort mal : elle me demanda ſa Fille ; & lorſqu'elle la tint, en la careſſant, elle l'appelait, ſa chère petite *Marion* : je lui conſervai dans la ſuite religieusement ce nom-là.

» Telle eſt, monſieur, l'origine de celle que ſon bonheur a mise ſous votre protection :

puiſſe le récit que je viens de vous faire, augmenter l'attachement vertueux qu'elle vous a inſpiré !

[—Vous n'achevez pas, mademoiselle (dit alors D'Azinval, en dévorant ſes larmes, en contraignant à-peine ſes ſanglots), vous n'achevez pas—?

» Hèlas ! . . . que me demandez-vous, monſieur (reprit mademoiselle Dosier) ? La fin d'un récit où je ne vous parlerai que de moi . . . car je n'ai plus qu'un mot à vous dire de mon Amie. En me recommandant ſa Fille, en la remettant dans mes bras... elle expira. On la crut évanouie: mais tous les ſecours ſe trouvant inutiles, je reconnus que le Ciel, ſans m'y préparer, venait de frapper ce coup terrible. Je n'étais point à l'épreuve d'un aussi grand malheur ; oui, il était au-dessus de mes forces : ma raison s'égara ; on crut que j'alais suivre Laurence au tombeau, & que Marion, orfeline pour la seconde fois, perdrait tout en un seul jour.. .... Quelle faible ressource le Ciel lui conserva !.... Je survécus à mon Amie, pour souffrir, pour traîner dans le mépris & dans l'indigence, une vie....... Mais pourquoi m'arrêter à vous décrire les moindres de mes malheurs ? Il en est un, dont je fus toujours inconsolable ; plus grand que la perte de ma fortune, de ma vie, de Laurence elle-même ; .... c'est l'abandon où je me vis contrainte de laiſſer ſa Fille. . . .

[*Mademoiselle Dosier ſ'intérompit elle-même :* Que vous êtes ſenſible, monſieur (dit-elle à d'Azinval, qui lui parut livré à l'affliction la plus vive !) que ce généreux attendriſſement fait bien l'éloge de votre cœur ! Oh ! je ſuis pénétrée !... Vous ſeul, monſieur, vous-ſeul avez une âme auſſi compâtiſſante pour les Infortunés... Oui, ſi j'avais pu douter de la pureté de vos motifs, en obligeant Marion, cette ſenſibilité-là me convaincrait qu'ils ſont purs comme le cœur de l'enfant que l'exemple n'a point encore perverti..... Eſt-ce donc moi qui doit vous conſoles ? Contraignez du-moins ces larmes, ſi vous voulez que j'achève. . . .]

» Privée de ma chère Laurence, je ſerais tombée dèſlors dans cet état d'anéantiſſement & de dégoût où j'ai langui ſi longtemps; la vue de Marion me ranima; dès que je pus agir, tous mes ſoins ſe réunirent ſur elle. On l'avait miſe chés cette Femme qui vous accompagnait hièr, & qui m'a reconnue. Il ne ſe paſſait pas une ſemaine, que je n'alaſſe à Palaiseau, arroser de mes larmes ces reſtes précieux de mon unique Amie; je ne m'en rapportais qu'à moi-même, pour m'informer des ſoins qu'on en prenait.

» Deux ans ſ'écoulèrent de

la ſorte : accâblée de ma douleur, gémiſſant ſur une perte irreparable, j'étais bien-loin de croire que des épreuves plus grandes me fuſſent reservées.... O mon Dieu ! je ne murmure pas : la cauſe m'en eſt trop chère !... ta main paternelle ſ'eſt appeſantie ſur moi ; elle m'a preſqu'écrâsée ;.... & cependant, tu m'as fait trouver de la douceur juſque dans mes maux : envelopée dans mon innocence, jetant ſur mes Perſécuteurs un regard de pitié, je béniſſais ton nom, & je me diſais à moi-même : C'eſt pour mon Amie que je ſouffre.

» Les Ennemis de M. S**, cet infortuné père de Laurence, continuaient à chercher le moyens de consommer sa perte : ils avaient fait échapper des prisons le Malheureux qui l'aurait justifié sans-doute, & par-là, cet Homme injustement opprimé, se trouva de nouveau plongé dans l'abîme dont il s'était cru prêt à sortir. Ce n'était pas assés pour assouvir leur haîne ; ces féroces Ennemis découvrirent que mademoiselle S** avait demeuré longtemps avec moi ; ils présumèrent que j'avais recueilli les débris de sa fortune, & pour me les arracher, ils ne rougirent pas d'attaquer & de poursuivre une Fille sans appui, comme sans ambition, d'une santé chancelante, vivant seule, & dont le seul tort était d'avoir été fidelle amie : ces indignes Calomniateurs m'accusèrent de n'avoir reçu & gardé Laurence S**, que parce qu'elle avait mis en dépôt chés moi pour une ſomme conſidérable de ces ouvrages de contrebande, qui avaient opéré la condannation de ſon Père. (Tant il eſt vrai qu'avec une âme baſſe & dure, on n'imagine pas que l'amitié, un tendre & ſincère attachement puiſſent engager à ſoulager les Infortunés!) Ils m'attaquèrent juridiquement; on informa ſur ces indices; de faux Témoins déposèrent; je fus enlevée, ignominieusement traînée en prison: mes biens furent ſaiſis, diſſipés; & ſous les dehors de la juſtice qui punit le crime, à l'ombre des loix, on accâbla l'innocence.

» Qui m'aurait défendue contre des Tyrans ſubalternes, d'autant plus puiſſans quand ils veulent écrâser le Faible, qu'ils ſont plus éloignés des regards du Père de la patrie? Les preuves, à-la-vérité, ne furent pas aſſés fortes pour me faire ſubir des châtimens flétriſſans & publics ; on me rendit à la lumière : mais j'avais langui plusieurs années en priſon ; mais je me trouvais dépouillée par des harpyes qui ne regorgent jamais.

» Quel fut mon deseſpoir, lorſque je vins à me représenter le ſort de Marion! Je ne poſſédais rien; je n'avais que mes habits : je les vendis ; je me couvris de cette livrée de la misère, je me traînai à Palaiseau; j'en donnai le prix à La-Martin. Cette femme, aigrie par la crainte de perdre, reçut d'un air dédaigneux, ou plutôt outrageant, le peu que j'offrais. Je lui pardonne : elle eſt pauvre : quel crime ôserait on reprocher à l'Indigent qui manque du néceſſaire, en ſe conſumant de travail!..... Je ne me ſuis permis aucune plainte en la revoyant avec vous : pourtant elle brisa mon cœur, en me refusant la ſatiſfaction de voir & d'embraſſer Marion.

» Je revins l'âme nâvrée de douleur. Si ma ſubſiſtance eût dépendu de moi, je me la ſerais refusée pour ſecourir cette chère Enfant, & pour obtenir qu'on me la rendît, en m'acquittant avec LA-Martin : mais j'étais affaiblie ; ces mains devenues dèslors tremblantes, étaient incapables de s'occuper au travail ; je mangeais le pain amèr que les Ministres du Dieu de bonté distribuent si durement aux Pauvres.

» Cependant ma tendresse pour Marion me conduisit encore à Palaiseau. J'appris alors, que LA-Martin, ennuyée de la longueur de ma détention, & me croyant absolument perdue, s'était déchargée de la Fille de mon Amie entre les mains d'une Femme de Paris, dont elle avait nourri les enfans. Je demandai la demeure de cette Femme : LA-Martin parut embarassée : je frissonnai. Tant que j'avais cru Marion chés ſa Nourrice, l'eſpérance de la retirer un-jour m'avait ſoutenue. Mais je la perdais : je ſavais que ce-que j'avais de plus chèr au monde, était entre des mains étrangères, inconnues ! il n'eſt point de termes, monſieur, pour rendre cette affreuse inquiétude. J'eus recours à l'autorité : mais LA-Martin, à quî l'on avait fait prévoir ma reclamation, n'avait remis l'Enfant qu'en présence de ſon Curé & des Notables du lieu. Ainſi l'on éluda mes démarches, en me fesant dire, qu'une Dame Bonnichon, de la rue de Verneuil, à laquelle on avait confié ma Fille, ne ſe retrouvait plus.

» Il ne reſtait que ce coup à frapper ; il m'ôta le ſentiment de de tous les autres. Ma chère Marion, ma chère Marion ! disais-je en pleurant, en quelles mains êtes-vous tombée ! .... Peut-être hèlas ! .... Mes pressentimens ne me trompaient point, les prédictions de la Mère de Marion se vérifiaient .... Et sans vous, monsieur, que fût-elle devenue » ! ....

Tel fut le récit de mademoiselle Dosier. D'Azinval paraissait enseveli dans une rêverie profonde en l'écoutant. Mais à-peine eut-elle prononcé les derniers mots qu'on vient de lire, qu'il s'écria douloureusement, & en levant au ciel ses yeux chargés de larmes : —Ah oui, elles ſe vérifiaient ces prédictions ! & beaucoup mieux qu'on ne le penſe !... Non, mademoiselle, je ne ſaurais exprimer combien tout ce que vous venez de m'apprendre me cause de ſurpriſe, de joie & d'amertume tout-à-la-fois—!....

Il alait peut-être ſ'expliquer davantage ; mais il en fut empêché par l'arrivée d'une Jeune perſonne, ſi belle qu'on l'eût priſe pour une Créature céleſte, qui ſe présentait à la porte du galetas de la bonne Dosier. Cette Fille charmante, en apercevant un ſquélette animé, languiſſamment étendu ſur un grabat ; à côté, l'eſtimable, le bienfeſant D'Azinval, demeura toute interdite ; elle ſ'avançait timidement. La Malade ayant soulevé sa tête appesantie, jeta sur elle un regard éperdu. L'incarnat le plus vif anima subitement son visage ; son tremblement cessa ; on vit qu'il se fesait en elle ce calme profond qui précède l'effort des passions violentes : ses bras qu'elle voulait élever, restèrent à demi-tendus ; les fibres de son visage tressaillirent ; elle s'écria : — O mon Dieu, me la rendez-vous!.... C'est Laurence, ou Marion!... Oui, c'est Marion, c'est elle, mon cœur me le dit..... O Dieu ! Dieu ! quelle ressemblance, & quelle beauté ! ... Ma Fille.. viens.. donner.. le dernier baiser à celle... qui te reçut dans ses bras le jour....

de ta naiſſance ; qui t'échauffa dans ſon ſein ; . . . qui répondit pour toi de ta fidélité à remplir tes devoirs envers ce Père ſaint, . . . devant lequel je ſuis ſur le point de paraître—.

Marion troublée, indécise, répugnant peut-être à recevoir les careſſes d'une Femme languiſſante, environnée du lugubre & dégoûtant appanage de la misère, regarda ſon Bienfaiteur, qui lui dit : —Ma Fille, c'eſt ſon amitié pour votre Mère, qui l'a réduite dans l'état où vous la voyez—. Ce peu de mots fit évanouir le dégoût : Marion vola dans les bras de la Malade : & l'infortunée Dosier, dans ce moment ſi doux, pour un cœur comme le ſien, ne laiſſait échapper que le murmure confus d'une émotion trop vive.

Marion lui dit : —Vous avez donc connu ma Mère ? —Oui, ma chère Fille : vous étiez toutes-deux dans mes bras, lorſqu'elle rendit le dernier ſoupir. —J'étais bien jeune ? —Vous ne fesiez que de naître. —En naiſſant ! . . . c'eſt en naiſſant que je l'ai perdue ! (répéta Marion avec un ſoupir). —Hèlas ! oui, ma Fille. —Quel ſort ! ... Mais il me reſtait ſans-doute un Père ? —Votre père ! . . . Non, non, ma Fille. —Non ! ô Dieu ! . . . (*Un mouvement non réfléchi lui fit tendre les bras vers* D'*Azinval*). —Il était parti pour des contrées éloignées, dans un temps.... Ma Fille, quels que ſoient ſes torts envers votre Mère & vous, il ne vous eſt pas permis de le haïr.... — Moi ! le haïr ! ah ! qu'il paraiſſe, il a tout mon cœur... Mon Père ! venez être adoré ; venez commander à votre Fille... Eh ! comment ſavez-vous qu'il eſt coupable ? —Plût au Ciel qu'il ne le fut pas ! —En me voyant, il ſerait touché de mes larmes. —Comment le ſerait-il ! il ne vous connaîtrait pas. —Il ne me connaîtrait pas ! —Avant même que l'on ſoupçonnât votre exiſtance, l'océan était entre votre Mère & lui. —Ah ! Dieu !... Et qui donc prit ſoin de moi ? —Vous me futes chère ; je devins pour vous une Mère tendre. —Vous! —Moi-même. —Ah ! ſi c'eſt à vous que je dois le jour, pour quoi me le cacher? craindriez-vous de n'être pas reſpectée, chérie.... Oui, ſi j'en crois... Vous pleurez ! ah ! vous êtes ma Mère ! —Non, ma Fille ; je ne le ſuis que par les ſentimens. —Je vous fus chère... Pourquoi ne vous ai-je donc jamais vue ? .... Vous m'avez abandonnée!... —Ma Fille ! eſt-ce un reproche? . . . —Non, mademoiselle non (intérompit D'Azinval avec vivacité) : ſon cœur n'eſt pas capable de vous en faire; le mien vous en répond.... Un-jour, Marion, je vous inſtruirai davantage : qu'il vous ſuffiſe aujourd'hui de ſavoir, que votre Mère & vous dutes tout à Mademoiselle : que rien ne vous peut acquitter envers cette Femme reſpectable ; qu'elle mérite toute votre tendreſſe, toute votre reconnaiſſance ; & que moi-même (*à demi-bas, & ſans être entendu*) je ne lui dois pas moins que vous.

D'Azinval ne tarda pas à ſ'apercevoir que la vue de la Fille de Laurence causait une émotion trop vive à mademoiselle Dosier. Quelque diſposé qu'il fût à conſentir que Marion rendît à la Malade les ſervices qu'elle lui offrait, il jugea à-propos de la renvoyer avec la Marchande & Susette, qui l'avaient amenée.

Il ne fit en cela que prévenir l'intention de mademoiselle Dosier, qui n'aurait jamais consenti que Marion exposât sa santé auprès d'elle. De son côté, D'Azinval desirait ardemment le rétablissement de cette estimable Fille, pour lui confier Marion, & voir cultiver par une Personne si méritante & si vertueuse, les excellentes dispositions que montrait l'aimable Orfeline.

Il ne s'en rapporta qu'à lui-même, pour procurer à mademoiselle Dosier les soulagemens que son état exigeait. Il s'appliqua sur-tout à remettre son âme dans une situation paisible ; il lui fit envisager, qu'il préparait à Marion un sort heureux, & qu'elles ne se quitteraient jamais. Cette assurance fut plus salutaire à la Malade que tous les remèdes. *Contentez l'esprit, si vous voulez guérir le corps.* D'Azinval sut mettre cette maxime en usage.

Il avait à son tour une confidence à faire à l'Amie de Laurence ; mais il voulait qu'elle fût en état de l'écouter. En attendant, il regarda comme un devoir de passer auprès d'elle les jours, & quelquefois une partie des nuits.

Cette conduite était louable sans-doute, & méritait des éloges : mais ses longues absences pouvaient être envisagées d'un mauvais-côté, par ceux qui n'en voyaient que les dehors ; & ce fut effectivement par les dehors qu'on les jugea.

Quoique D'Azinval eût ſa maiſon, & ne dépendît que de lui-même, il avait reçu le jour d'une de ces Femmes actives & vigilantes, qui ne croient pas (avec raison) qu'il y ait un âge où les Parens ſoient diſpenſés de veiller ſur les mœurs de leurs Enfans; mais qui ne ſ'en tenant pas-là, penſent auſſi qu'il n'y en a pas où les Enfans ſoient affranchis, même à certains égards, de l'autorité paternelle: ce qui eſt également contre la-raison, contre la nature, & les loix de la ſociété, qui veulent que nous ſoyions libres, en devenant hommes & citoyens. Heureux les Enſans, dont les Pères & Mères ſavent proportionner leurs ſoins aux circonſtances & au temps! qui veulent bien conſidérer, que l'âge qui met fin à certains devoirs envers nos Parens, nous en impose d'autres; que l'amour doit ſuccéder à la crainte, & la confiance à l'autorité!

Madame D'Ormond, dont le cœur était d'ailleurs excellent, ne connaiſſait pas aſſés des maximes auſſi raisonnables: ainſi les longues & fréquentes abſences du Père de Marion hors de chés lui, causèrent à cette Mère tendre, mais trop impérieuse, des inquiétudes que la ſageſſe & la maturité de ſon Fils devaient écarter. Elle prit, dans ſes remontrances, le ton & la manière qu'elle aurait employés avec un Jeune-homme à-peine ſorti de l'enfance. Tranquillisé par la pureté de ſes motifs, d'Azinval écouta les plaintes de madame d'Ormond avec reſpect; mais il ne pouvait y avoir égard. Il conſidérait d'ailleurs, que ſi ſa Mère l'avait ſuivi; qu'elle l'eût vu auprès d'une Moribonde, occupé à la conſoler, à la ſervir, elle n'aurait pu condanner ſa conduite: il ſe regarda comme permis, ce que madame d'Ormond n'aurait pas manqué d'approuver, ſi elle avait été mieux inſtruite.

Cependant mademoiselle Dosier ſe fortifiait de-jour-en-jour: Mais ſi la joie & ſa douce ivreſſe;

ſi la ſatiſfaction, plus tranquille & plus desirable, étaient rentrées dans ſon cœur ; il ſ'en falait bien que le tourbillon d'idées ſombres & déchirantes que ſon récit avait excité dans l'âme du généreux D'Azinval pût être ſitôt calmé.

Lorſqu'il ſe rendit pour la première fois chés la Maitreſſe de Marion, depuis qu'il était inſtruit de la naiſſance de cette aimable Fille, ſes regards ſe fixèrent ſur elle : il examinait juſqu'à ſes moindres mouvemens : ſoit qu'elle prît un air ſérieux, ſoit qu'un charmant ſourire animât ſes traits, rien ne lui échappait : il voyait tout, il ſaiſiſſait tout, & trouvait une reſſemblance, qui lui paraiſſait toujours plus parfaite. Ses yeux ſe remplirent de larmes, qu'il ſ'efforçait envain de cacher. La jeune Orfeline ſ'informa de mademoiselle Dosier. D'Azinval fut charmé de cette attention ; mais occupé de ce qui ſe paſſait dans ſon intérieur, il ne répondit pas aſſés vîte. Marion, qui vit couler ſes larmes, en répandit elle-même, & dit en ſoupirant :—Hèlas ! elle n'eſt donc plus ! mon cœur la chériſſait déja.... Non, je n'en doute pas;... elle fit tout pour ma Mère; un-jour, peut-être, elle m'eût remise entre les bras d'un Père qu'elle ſeule pouvait me rendre, puiſqu'il n'était connu que d'elle.... O ! mon généreux

Protecteur ! vous le voyez, le Ciel veut que je ne dépende que de vous.... Cependant il m'est témoin, qu'en recouvrant l'Auteur de mes jours, je ne vous aurais pas moins aimé, pas moins respecté que lui.... —Elle vit, ma chère Fille (intérompit D'AZINVAL); mais elle ne connaît pas votre Père. (MARION) Elle ne le connaît pas !... Je n'ai donc plus d'espoir ; & je suis condannée à des ténèbres qui m'épouvantent! ... Hèlas ! que suis-je ? (D'AZINVAL) Ce que tu ês ! ... tout pour moi, ma chère Fille, tout... plûsque je ne saurais dire. (MARION) Que de bonté ! comment la reconnaître! (D'AZINVAL) Ma Fille, j'entrevois au fond de votre cœur, un ſentiment qui me rend heureux. (MARION) Eh! quel eſt-il! vous m'inſpirez le plus profond reſpect, l'attachement le plus vif, le plus ſincère, le plus tendre;... & ſ'il eſt quelque choſe encore qui prouve que je ſuis toute à vous, je le ſens, quoique je ne puiſſe l'exprimer. (D'AZINVAL) Chère enfant!.... (*ſe retenant*) Vous me rendez heureux, Marion.... ah oui! le plus heureux des hommes.... Quelle félicité, ſi votre Mère........ (*avec le ton de la conviction*) O Dieu! ſi j'avais pu douter que l'inviſible puiſſance qui m'anime, ſortie de toi, faite à ton image, ſubſiſte encore au-delà du tombeau, ta conduite envers la Mère de cette Fille charmante m'en convaincrait : oui, sa belle âme est aujourd'hui recompensée des peines qu'elle a souffertes : du sein de son Créateur, de son Dieu, de son Père, elle voit le bonheur de sa Fille ; elle la voit chérie, adorée du plus tendre... (MARION) *Du plus tendre*, & du plus vertueux des hommes. (*se jetant dans ses bras*) O mon Père ! qui vous rend donc si sensible pour moi,.. pour ma Mère,.. pour tout ce qui me touche !... Vous avez dit, *Quelle félicité, si votre Mère !*.... vivait encore, sans-doute ? Mais expliquez-moi ce que vous feriez alors? Je vous avoue que ce mot m'a fait tressaillir, & qu'il excite dans mon cœur un ſentiment inconnu, mais ſi doux! que je n'en éprouvai jamais de pareil. . . . . . .

Susette ni ſa Mère n'étaient chés elles quand D'Azinval était arrivé : elles parurent dans cet inſtant, & demandèrent des nouvelles de mademoiselle Dosier. Ces queſtions intérompirent l'entretien de Marion & de ſon Bienfaiteur. Après y avoir répondu, l'honnête-homme ſortit, enchanté des diſpositions de ſon aimable Pupile ; & prit le chemin de ſa demeure, où, depuis quelques jours, il avait fait tranſporter mademoiselle Dosier.

Il ſe hâtait d'aler lui faire partager ſa joie. En ſ'y rendant, il ſe disait à lui-même : Quels évènemens ! Je traverſe une rue : une Enfant m'aborde : mon âme ſ'émeut : j'en prens ſoins : je me dis : *Dieu me bénira par cette Enfant*... Quelle bénédiction, grand Dieu ! quelle recompenſe ineſtimable, inattendue—! .... Il arrive.

—J'ai vu notre chère Fille (dit-il à mademoiselle Doisier). (DOSIER) L'aimable Enfant ! comment ſe porte-t-elle ? (D'AZINVAL) Bien. Elle m'a pénetré de la joie la plus pure. (DOSIER) Je le crois !... Que vous a-t-elle dit ? (D'AZINVAL) Que ſon *cœur vous chériſſait déja.* (DOSIER) Elle !... Marion !... O Dieu !... Ah ! monſieur ! & moi ! ... que je l'aime !... Elle me *chérit* !....

Ne me flatez-vous pas? (D'AZINVAL) Ce ſont ſes propres paroles. (DOSIER) Généreux Protecteur de l'innocence abandonnée, & (j'ôse le dire) de la vertu malheureuse, quand voulez-vous donc nous réunir? (D'AZINVAL) Lorſque vous me connaîtrez mieux. (DOSIER) Ah! je vous connais, je lis dans votre âme; ſon caractère eſt la bonté: votre cœur magnanime fait le bien par goût; j'en ſuis convaincue.... Eh! quel autre motif pourrais-je donner aux ſoins que vous avez pris de moi? Je ſuis autant qu'une autre orgueilleuse & vaine: mais vous me les avez rendus, ces ſoins obligeans, de manière que jen'en ai jamais rougi; & que la reconnaiſſance, ce fardeau ſouvent inſuportable, ne m'en pèse pas. (D'AZINVAL) C'eſt une dette que je payais.... que je n'ai pas même encore acquittée à-demi. J'ai faiblement rempli envers vous les plus grand & le plus ſaint de mes devoirs. (DOSIER) Vous ! envers moi ! des devoirs ! (D'AZINVAL) C'eſt aſſés vous parler en énigmes. Sur-le-point de prendre chés moi la Fille de votre Amie, il faut me découvrir. Ah ! quel effet l'Hiſtoire de Laurence a dû produire ſur moi ! Le voile eſt déchiré:.., c'eſt moi ;... je ſuis cet Amant que l'infortunée mademoiselle S** écouta ;... qui l'adorais, qui l'épousai ; que l'on ſépara d'elle ; que la douleur accâbla, mais jamais le remords ;

& Marion eſt ma fille. (DOSIER) Arrêtez! laiſſez-moi reſpirer.... O Ciel! ô Providence de mon Dieu!... Marion!.. ſon Père!.. ſon protecteur!... ſon appui!.. ſon ſauveur & le mien!.... Qui ne reconnaîtra pas ici le doigt du Conſervateur de toutes les Créatures!.... Eh! pourquoi donc, cruel, abandonnates-vous votre Amante! pouquoi, vous, aujourd'hui ſi généreux... (D'AZINVAL) Moi! l'avoir abandonnée! Ah ciel!.... pouvez-vous le penſer!...., Mais je dois vous paraître coupable; je le ſens. Il faut me juſtifier; écoutez, & jugez-moi.

Fin de la Première Partie.

TABLE

des Matières contenues dans la I Partie.

LIVRE I, *Qui contient tous les préliminaires.*

Fin de la Table de la I Partie.

www.ingramcontent.com/pod-product-compliance
Ingram Content Group UK Ltd.
Pitfield, Milton Keynes, MK11 3LW, UK
UKHW022102260726
13993UKWH00001B/277